Schirner Verlag

Antara Reimann
Peter Eckel

Der heilige BAUMKREIS der KELTEN

Im Jahreskreis der 13 Kraftbäume Orientierung und Heilung erfahren

Schirner Verlag

Die Ratschläge in diesem Buch sind sorgfältig erwogen und geprüft. Sie bieten jedoch keinen Ersatz für kompetenten medizinischen Rat, sondern dienen der Begleitung und der Anregung der Selbstheilungskräfte. Alle Angaben in diesem Buch erfolgen daher ohne Gewährleistung oder Garantie seitens der Autoren oder des Verlages. Eine Haftung der Autoren bzw. des Verlages und seiner Beauftragten für Personen-, Sach- und Vermögensschäden ist ausgeschlossen.

Wir verzichten auf das Einschweißen unserer Bücher – **UNSERER UMWELT ZULIEBE!**

ISBN Printausgabe 978-3-8434-1501-9
ISBN E-Book 978-3-8434-6489-5

Antara Reimann & Peter Eckel:
Der heilige Baumkreis der Kelten
Im Jahreskreis der 13 Kraftbäume
Orientierung und Heilung erfahren

Umschlag: Elena Lebsack, Schirner,
unter Verwendung von # 107324315 (© zizar),
1373938328 (© EvaAsh), # 711614098 (© artdock)
und # 1140239537 (© Hoika Mikhail),
www.shutterstock.com
Layout: Simone Fleck, Schirner
Lektorat: Bastian Rittinghaus &
Ina Keller, Schirner
Printed by: Ren Medien GmbH, Germany

www.schirner.com

1. Auflage Mai 2022

Inhalt

Widmung

Mein Freund, der Baum

Dieses Buch ist gewidmet dem ewigen Verstehen,
dem Zyklus von Werden und Vergehen.
Werdet so offen wie die Bäume,
überwindet Begrenzungen und Zwischenräume.
Hört ihre Botschaften und ihr leises Tuscheln,
sie sind alt, erfahren und weise.
Traue dich, mit ihnen zu kuscheln,
so wirst du begleitet auf deiner Reise.

Antara & Peter

Vorwort
von Antara Reimann

»Wir leben für das große Ganze,
für den natürlichen Plan, für den Austausch und
das gegenseitige Nähren und Schützen.

Wir Bäume kennen weder Neid noch Missgunst.

Wir leben miteinander und füreinander.
Wir dienen dem Leben.«

Diese Antwort erhielt ich vor vielen Jahren, als ich eine fast 1000 Jahre alte Eiche besuchte. In dem Moment, als ich sie zum ersten Mal in ihrer ganzen Gestalt sah, begann ich, zu weinen. Es fühlte sich an, als würde ich einer alten Freundin gegenüberstehen, die ich lange nicht mehr gesehen und furchtbar vermisst hatte. Ich lehnte meine Stirn an ihren Stamm, weinte weiter und war gleichzeitig sehr glücklich. Bei diesem ersten Mal redeten wir kaum miteinander, es reichte mir, ihre Energie in mich aufzunehmen. Das Band zwischen uns ist alt und zeugt von ganz tiefer Liebe und viel Achtung. Ich besuche sie seit gut 17 Jahren mehrmals im Jahr und warte nach wie vor immer erst einen Moment mit ein wenig Abstand ab, bis ich weiß, ob sie für einen Kontakt und einen Austausch offen ist. Sie machte mich zur Verbündeten, denn sie spürte, dass ich Bäumen gegenüber sehr fürsorglich bin.
Seit diesem ersten Kontakt konnte ich viele alte Bäume besuchen und erleben. Manchmal hatte ich sogar den Eindruck, die Eiche hätte mich zu ihnen geleitet und bereits angekündigt. Besonders meine Reise nach Cornwall im Jahr 2013 hat mich zu vielen Eiben geführt, die zwischen 280 und 4500 Jahre alt waren. An diesen Orten, an denen alte Bäume immer noch stehen und gehegt werden, herrscht meist eine tiefe, entspannende Stille, getragen von einer

starken Kraft. Platz und Baum nähren sich gegenseitig, und wir Menschen werden in diesen Kreis aufgenommen, wenn wir mit der richtigen Wertschätzung und Offenheit darum bitten. Solch ein Treffen läuft bei den meisten Bäumen sehr würdevoll ab. Und doch gibt es Bäume, aus denen sprudeln die Informationen geradewegs heraus. Alles hat seinen Sinn, und auch du wirst an den Baum geführt, der dich in das Wissen einführen kann, das gerade für dich wichtig ist. Du musst ihn nur hören, wenn er dich ruft.

Gerufen haben mich die Bäume bereits in meiner frühen Kindheit, denn ich war schon immer fasziniert von ihnen. Hoch hinauf, die Welt von oben betrachten, mich frei und stark fühlen – das war mein Bestreben. Der Herausforderung, auf dem Weg nach unten die richtigen Äste wiederzufinden oder gar vom untersten Ast zu Boden zu springen, war ich damals nicht immer gewachsen. Zu seinem Leidwesen musste mich mein Vater häufiger aus dem Baum retten, und meine Mutter schimpfte über zerrissene Strumpfhosen und zerkratzte Schienbeine. Aber ich ließ nicht locker und kletterte immer wieder hoch. Denn dort oben im Baum, mit dem Blick in die Ferne, den Wind um die Ohren, konnte ich sie hören – die Baumgeister, die Seelen der Bäume, wie sie wisperten und mir ihre Geschichten erzählten.

Diese Erlebnisse weckten in mir über viele Jahre den Wunsch, sie zu teilen und ein Buch über die Persönlichkeiten unserer Bäume zu schreiben. Du hältst es nun in den Händen. Das Arbeiten mit Bäumen und das Erleben ihrer verschiedenen Eigenschaften sind immer wieder facettenreich. Gerade beim Umgang mit dem Wesen eines Baumes sind Intuition und Empathie wertvolle Hilfsmittel. In den einzelnen Kapiteln stellen wir, Antara Reimann und Peter Eckel, dir die Bäume in ihren Grundstrukturen vor und bringen dir näher, wie du dich mit ihnen entwickeln kannst. Du wirst hier allerdings kein »Rezeptbuch« zum Nachahmen finden, denn jeder Baum ist anders und hat seine eigene Persönlichkeit. Öffne dich, und stelle dir vor, wir gehen gemeinsam auf eine Reise zu den Bäumen, ohne vorher zu wissen, was wir erleben werden. Die Geschenke, das Wachstum und die Erkenntnisse sind um ein Vielfaches größer, wenn du dich frei führen lassen kannst.

Ich wünsche mir, dass du dich mit deinem vollen Bewusstsein darauf einlassen kannst und sie ebenfalls hören lernst … unsere Baumfreunde.

Antara Reimann
Waltrop, im Winter 2021/2022

Die Bäume – Faszination der Vielfalt

Seit Anbeginn sind Bäume und ihr Holz treue Begleiter der Menschheit. Holz war nicht nur zum Feuermachen und Kochen lebensnotwendig, aus ihm wurden auch Häuser und alle möglichen Werkzeuge erschaffen, die dem Menschen das Leben erleichterten: Wanderstäbe, die Kraft gaben, Räder für die schnellere Beförderung von Waren sowie allerlei Haushaltsgegenstände. Außerdem wurden aus ihren Stämmen Schiffe hergestellt und so die Möglichkeit geschaffen, fremde Länder zu erforschen, ohne die wir heute niemals diese Vielfalt in unserem Leben genießen könnten. Bis zu diesem Tag schenken die Früchte verschiedener Baumarten den Menschen und der Tierwelt Nahrung. Bäume wandeln Kohlendioxid in Sauerstoff um und reinigen und reichern so die Atemluft für uns an. Wenn das Leben eines Baumes zu Ende ist, entsteht aus dem, was er hinterlässt, eine Grundlage für neues Leben. Durch ihre Existenz und ihre einfache Art, zu leben, ermöglichen die Bäume uns das Dasein hier auf diesem wunderschönen Planeten. Sie unterstützen und verbessern unser Leben.

Bäume im Wechsel der Jahreszeiten

Spirituell betrachtet, nähren die Bäume durch ihr Sein und Wirken unsere Seele. Auf der physischen Ebene ist leicht zu erkennen, wie die Bäume uns unterstützen. Bereits ein kurzer Spaziergang im Wald beruhigt und stärkt Körper, Geist und Seele. Es geschieht eine Berührung auf verschiedenen Ebenen. Dies bemerkten auch unsere Vorfahren, die eine tiefe Verbundenheit mit den Bäumen hatten, denn sie waren dankbar für deren Begleitung. Feinfühlige Menschen erkannten schon immer, an welchen Orten die Bäume fast schon magische Stimmungen erzeugten. Dort trafen sich die Druiden und Priesterinnen und zelebrierten ihre Veranstaltungen und Rituale. Im Kreis der Bäume hielten unsere Vorfahren Rat ab, fällten Gerichtsurteile, heirateten und hielten Totenwache, tauften Neugeborene und übertrugen diesen damit den Segen der Baumwesen.

Die Kelten wussten um die verschiedenen Fähigkeiten und Heilwirkungen der einzelnen Baumgattungen, und durch ihre Traditionen wurde dieses Wissen an die nächsten Generationen überliefert. Jeden Monat lauschten sie einem anderen Baum, und im Laufe eines Jahres hatten sie auf diese Weise den natürlichen Jahreskreis durchlebt. Ein Mondmonat dauert 28 Tage und reicht von Neumond zu Neumond. Immer am Neumond wechselt der Hüterbaum, beginnend mit der Esche zum Neumond im Januar. Durch die unterschiedliche Länge der Monate gegenüber dem in unserer Kultur gültigen gregorianischen Kalender verschieben sich die Mondmonate zum Kalendermonat. Alle drei Jahre (meist im August) fallen dadurch zwei Neumonde in einen Kalendermonat. Es entsteht am Ende des Jahres eine 13. Mondzeit. Diese Zeit bis zum ersten Neumond im nachfolgenden Januar hütet die Eberesche im Dezember. Am Tag vor Neumond bedankten sich unsere Vorfahren bei dem Baum für seine Unterstützung. Sie schenkten ihm Gaben als Zeichen ihrer Wertschätzung und Anerkennung. Am Neumond, möglichst zum exakten Zeitpunkt selbst, wurden der Geist des neuen Hüterbaumes begrüßt und seine Fähigkeiten wertgeschätzt. Auch ihm und seiner Energie wurden Geschenke dargeboten.

Jedes Wesen hat eine Seele, und der Geist eines Baumes wird als Dryade bezeichnet. Dryaden gehören zu den Waldnymphen. Im Gegensatz zu Devas, die fest mit einer Pflanze verbunden sind, können Dryaden den Baum verlassen, um sich mit anderen Dryaden zu treffen. Eine Dryade trägt für den gesamten Baumkreis, dem sie sich zugehörig fühlt, die Fürsorge. Im Unterschied zu Devas haben Dryaden außerdem die Möglichkeit, vor dem Tod des Baumes einen neuen Baum zu beziehen. Devas beenden mit dem Tod ihres Baumes ebenfalls ihre Existenz in dieser Welt. Wenn bei einem Sturm Äste von einem Baum abbrechen, kann ein Anteil der Dryade in ihnen zurückbleiben. Diese Äste haben besonders magische Fähigkeiten. Wenn du wissen möchtest, ob dies bei einem Ast der Fall ist, vergleiche sein Gewicht mit weiteren Ästen in ähnlicher Größe und Dicke. Der Ast mit der Dryade ist merklich schwerer und unter Druiden und Priesterinnen ein hohes Gut. Dass die Dryade einen Teil ihres Wesens mit diesem Ast gehen lässt, ist als besonderes Zeichen anzusehen. Findest du einen solchen Ast, so zeigt dir die Dryade, dass sie dir vertraut, mit ihrer Energie wohlwollend umzugehen.

Das Wissen der Bäume

Jede Gattung von Bäumen hat ein gemeinsames Feld, über das alle einzelnen Bäume miteinander verbunden sind. Es wirkt wie die Familienbande bei Menschen. Erlebnisse und Erfahrungen eines Baumes oder einer Gruppe von Bäumen dieser Gattung werden an alle anderen Vertreter dieser Baumart weitergereicht. Diese Weitergabe erfolgt zum einen über die Weitergabe an das Wasser, in das ihre Wurzeln reichen, und zum anderen über den Flug ihrer Pollen und die Bewegung ihrer Blätter. Bäume erzeugen ihre eigene Sprache, indem sie mit ihren Blättern rascheln und sie bewegen. Wenn du also mit einem Baum kommunizierst, achte auf seine Blätter oder Nadeln. Schaue, wie der Wind sie schaukeln lässt und zum Tanzen bringt. Für viele Beobachter ist es nur eine vom Wind verursachte Bewegung. Doch auf der energetischen Ebene hörst du dadurch die Stimmen der Bäume und kannst, wenn du dich dafür öffnest, die Bedeutung verstehen. Selbst über große Entfernungen können sich die Bäume auf diese Weise miteinander verständigen.

Bevor du einen Baum berührst, prüfe, ob er das auch möchte. Bäume sind niemandes Eigentum, auch wenn manche Wald- und Forstbesitzer das anders sehen. Sie sind Wesen mit einer Seele. Du möchtest ebenso wenig ungefragt von einem Fremden berührt werden, selbst wenn dieser seine Absichten als gut befindet. Auch wenn dir der Baum vertraut ist und du ihn bereits mehrmals besucht hast, sei trotzdem offen und achtsam. Bleibe ein paar Meter entfernt stehen, betrachte den Baum, und öffne dich, damit er dich sehen und erfühlen kann. Ein Baum kommuniziert telepathisch über Bilder in deinen Gedanken. Sende ihm per Gedankenkraft deine Absicht, z. B. ein Bild, wie du ihn umarmst oder wie du zu seinen Wurzeln sitzt. Dann warte ruhig, und achte darauf, wie sich das Gefühl in dir verändert. Ohne Worte sollst du sein, damit du seine manchmal sehr subtilen Botschaften überhaupt hörst. Wenn du ein klares »Ja« verspürst, tritt näher und berühre den Baum, sprich zu ihm.

Der Mensch im Einklang mit dem Baum

Möglicherweise fühlst du dich schon länger zu einer bestimmten Baumart hingezogen oder erkennst während des Lesens der Baumbeschreibungen eine besondere Vertrautheit mit den Charaktereigenschaften einzelner Bäume, weil du bei der Baumart und dir ein übereinstimmendes Verhalten erkennst. Solche Gemeinsamkeiten findest du beschrieben als z. B. Esche-Menschen oder Weide-Typen. Veränderungen deiner Persönlichkeit und deines Verhaltens können dazu führen, dass du dich zu einer anderen Baumgattung hingezogen und von ihr verstanden fühlst. Wisse, dass dich immer der Baum anzieht, der zur aktuellen Zeit am besten als Lehrer für dich geeignet ist und mit dem eine fruchtbare Kommunikation möglich ist.

Umgang mit den aufgeführten Runen

In den einzelnen Kapiteln findest du Runen beschrieben, deren Eigenschaften die Arbeit mit der Baumkraft unterstützen. Um die Wirkung der Runen zu nutzen, male sie an die passende Stelle auf deinen Körper. Es muss keine sichtbare Zeichnung sein, es reicht, wenn du das Symbol mit dem Finger und vielleicht etwas Wasser nachfährst. Deine Absicht zählt. Wenn du möchtest, kannst du aber auch einen ungiftigen Stift nehmen und die Runen aufzeichnen. Es entsteht schon mal die Idee, diese Runen dauerhaft auf den Körper zu tätowieren. Du bist frei in deinen Überlegungen und Handlungen, nur sei dir der Auswirkungen bewusst. Solch eine Tätowierung wirkt wie eine Dauer-Akkupunkturnadel und triggert ununterbrochen die Schwingung in deinem Körper. Einmal gestochen, lässt sich dieser Energiefluss nicht mehr stoppen. Selbst wenn du die Tätowierung entfernen lässt, bleibt ein energetischer Rest der Programmierung in deinem Zellbewusstsein erhalten.

Umgang mit den aufgeführten Mineralien

Die im jeweiligen Kapitel aufgeführten Mineralien fördern mit ihren Schwingungen die Eigenarten und Persönlichkeiten der Bäume. Nimm diese Heilsteine mit zum Baum, und lege sie zu seinen Wurzeln hin. Lasse sie während deines Besuchs mit der Qualität des Baumes aufladen. So hast du dessen Energie auch bei dir, wenn du gerade nicht vor Ort sein kannst.

Und nun tritt ein in den magischen und heilenden Baumkreis der keltischen Vorfahren.

Esche

Mond des Schnees

JANUAR

»Geist der Esche,
hilf mir, meinen
Glauben in Balance
und Liebe zu halten.«

Wissenswertes zur Esche

Jahreszeitliche Betrachtung – welche Zeit hütet die Esche?

Die Esche ist der erste Baum des keltischen Baumkreises. Sie wird durch den ersten Neumond des Jahres repräsentiert, wobei hier der heute gültige gregorianische Kalender gemeint ist. Dieser erste Neumond, auch Schneemond genannt, startet im Januar den heiligen Zyklus der Natur. Die Esche symbolisiert Ruhe und Stille und das Lauschen auf den Sekundenzeiger der Natur. Nicht Aktivität ist wichtig in diesen Tagen, sondern Innehalten und Verharren. Das Sein zeigt sich nicht im Außen, sondern im Innern, im Glauben, in einem ausbalancierten Geist.

Biologische und physikalische Betrachtung der Esche

Gemeine Esche, Fraxinus excelsior

Die stolze Esche wächst bis zu 40 Meter hoch. Im unteren Bereich des Stamms ist sie oft kahl und bildet die Krone erst in der oberen Hälfte aus. Diese ist rundlich/oval, fast zylinderförmig.

Die Esche fühlt sich an Flüssen, Bächen und in Auen sowie Schluchten wohl und bevorzugt einen nährstoffreichen Ton- und Lehmboden. Sie schlägt oft erst im Juni als einer der letzten Bäume aus und gehört zu den wichtigsten Nutzhölzern. In Europa wird sie gern als Straßen- oder Alleebaum gepflanzt. Ihre Wuchsform zeigt häufig eine Gabelung im unteren Bereich, und der Hauptstamm wird paarig nach oben weitergeführt. Sie kann nicht nur sehr hoch, sondern auch sehr alt werden: 200 bis 300 Jahre ist das durchschnittliche Alter. Die Esche hat ein stattliches Erscheinungsbild und bildet nicht selten einen Stammdurchmesser von bis zu einem Meter.

Überliefertes – Mythologie, Volksheilkunde, Handwerkliches, Magisches

Die bekannteste Vertreterin der Eschen ist Yggdrasil – die Weltenesche. Für die Kelten war die Esche der heiligste aller Bäume. Sie betrachteten sie als Baum der Vernunft und des Ehrgeizes. Im Kontakt mit ihr suchte der Göttervater Odin Erkenntnis und Verständnis im Geist und hing der Überlieferung nach neun Tage lang kopfüber in der Weltenesche. Auf diesem Weg gelangte er zu Weisheit und erhielt das Wissen um die Runen.

Nicht nur Odin schätzte die inspirierende Eigenschaft der Esche. Zu Füßen von Yggdrasil sollen die Götter Rat abgehalten haben, denn die Esche fördert einen scharfen und klaren Geist. Sie symbolisiert uraltes, tief verwurzeltes Wissen, das von gelebter Erfahrung über alle Zeitlinien hinweg durchwoben ist. Wer sich in Kontakt mit der Esche begibt, erhält Einblick in das Wissen der Vergangenheit, um es in die Gegenwart zu übertragen und es bei der Lösung von Problemen nutzen zu können.

Die Esche stellt die Verbindung zwischen Mikro- und Makrokosmos dar, zwischen denen der Mensch als Spiegelfläche steht.

In der mythologischen Betrachtung schaffte die hohe Esche eine Verbindung zwischen Himmel (Krone) und Unterwelt (Wurzeln). Sie hat sehr tiefdringende Wurzeln, und ihr Blätterdach überspannte in der Vorstellung unserer Ahnen die bekannte Welt (Erde), wobei ihre Äste und Zweige den Himmel stützten.

Ein Sud aus den Blättern der Esche dient als Abführmittel, zur Entwässerung und Regulierung der Ausscheidungsorgane Darm und Niere sowie der Harnwege. Auch gegen Parasiten und Fieber kann er verwendet werden. Schon in der Antike wurde der Eschetee auf diese Weise eingesetzt, und auch Hildegard von Bingen empfiehlt seine harntreibende Wirkung. Das Trinken des Tees und das Auflegen von Rindenstücken auf den Körper sollen gegen Muskelrheuma und Gicht helfen. Die Bestandteile der Esche sind geeignet, den Blutfluss von Wunden zu stillen. Aus diesem Grund erhielt sie den Beinamen »Wundbaum«. Eschenrinde ist die europäische Variante der Chinarinde, die fieberhemmend und adstringierend/zusammenziehend wirkt. Ein regelmäßiger Austausch und die Beratung mit der Esche helfen uns, Vergangenes loszulassen und Energiestau und Wasseransammlungen wieder in Fluss zu bringen. Sogar die Auflösung von Steinbildung ist möglich.

Eschenholz ist biegefest und bricht selten. Die Druiden stellten ihre Zauberstäbe daraus her, ebenso die Stiele der Ritualbesen. Auch der Stiel des Besens, mit dem man Hexen angeblich des Nachts am Himmel fliegen sah, wurde aus Eschenholz gefertigt.
Die Esche gibt Schutz vor der zerstörerischen Kraft des Wassers und steht daher oft am Rand von Feuchtgebieten. Der Überlieferung nach soll aus Eschenholz Hergestelltes auch vor dem Ertrinken bewahren. Dem Glauben der Fischer nach waren sie in Booten aus Eschenholz sicher gefeit vor dem Tod in den Wellen.
Ein Eschenblatt unterm Kopfkissen fördert luzide Träume bei gleichzeitig tiefem Schlaf.* Amulette aus Eschenholz sollen einen verstärkten Schutz bieten, besonders gegen Verwünschungen und böse Absichten. Mit Kraft aufgeladene Anhänger aus Eschenholz helfen uns, den Fokus auf unser Ziel zu halten.

Die Römer und Griechen stellten ihre Speere aus Eschenholz her, und Pfeile aus ihm, so sagt man, fliegen geradlinig zum Ziel. Das Eschenholz ist nicht so spröde wie anderes Holz, auch heutzutage wird es wegen seiner Elastizität gern für die Herstellung von Furnier für Möbeloberflächen verwendet.
Die Esche wurde von unseren Vorfahren auch als Feuerholz geschätzt. Ihr schneller Wuchs und die Tatsache, dass das geschlagene Holz schnell trocknet, machten es begehrt, denn es lässt sich gut lagern. Ebenso war und ist auch heute noch die Esche ein beliebter Hofbaum im landwirtschaftlichen Umfeld. Sie spendet Schatten, ihr Laub ist beliebt bei Ziegen und Schafen, die sich durch den Verzehr nährstoffhaltig ernähren und selten krank werden. Das trockene Laub eignet sich zudem gut als Stallstreu.

* Während der luziden Träume wissen die Träumenden, dass sie sich in einem Traum aufhalten, und sind fähig, die Handlung bewusst zu beeinflussen.

Das Wesen der Esche – die Esche als Lehrerin

Die Esche wächst oft sehr hoch. Dies macht sie nicht nur zu einem einzigartigen Wesen, das über alle anderen hinausragt. Sie erhält gleichzeitig einen Überblick über ihre Umgebung. Wenn man Fragen nach Zusammenhängen von Ursache und Wirkung hat, ist die Esche eine gute Ratgeberin. Allerdings ist sie auch ein wenig eigen und reagiert nicht sofort auf eine Ansprache. Sie möchte gesehen und gewürdigt werden. Hat sie dem Kontakt jedoch einmal zugestimmt, fließt ihr Wissen wie ein Wasserfall. Da sie so viel mitbekommt, kann es allerdings sein, dass sie manche Dinge durcheinanderbringt. Eine sorgfältige Überlegung und Prüfung, ob die Zeit der Kommunikation nun die richtige ist und ob du zentriert genug für die Begegnung bist, ist bei der Arbeit mit der Esche besonders wichtig. So ist sichergestellt, dass du auf klare Fragen auch gute Antworten erhältst. (Wahrscheinlich brauchte Odin deshalb neun Tage!)

Die Esche lässt, sobald sie Freude daran hat, ihre Energie nur so aus sich herausfließen. Diese sprudelnde Eigenschaft hilft bei festgefahrenen Strukturen, Verhärtungen und Verbitterung. Sie bringt sie wieder in den Fluss und löst sie sogar auf. Die Esche ist intelligent, ehrgeizig und begabt. Oft ist sie eine schillernde Persönlichkeit – leider auch manchmal im Ego verhaftet. Im Grunde ist ihr Naturell kameradschaftlich und freundlich gesinnt, sie will eine vertrauensvolle und treue Ratgeberin sein. Vertraue dich ihr an, dann genießt du ihren Schutz, und selbst wenn es stürmt oder schneit – sie wird dich behüten. Ihr Verstand ist manchmal etwas dominant und drängt die Emotionen zurück, aber einmal entschieden, ist sie standhaft und bleibt bei ihrer Meinung.

Wie nutze ich die Persönlichkeit der Esche für mich?

Die Esche ist der Schlüssel zwischen Mikro- und Makrokosmos, zwischen Oben und Unten, zwischen Innen und Außen. Betrachte dein Leben unter diesem Aspekt, und gewinne durch den Einfluss der Esche ein tiefes Verständnis des Zusammenhangs zwischen Problemstellungen, möglichen Fragen und den Antworten. Ihre schlüsselförmigen Früchte schließen uns neues Wissen auf und

bestärken unseren Glauben, damit wir standhaft bleiben. Die Esche fordert uns auf, auf den Erfahrungen der Vergangenheit aufbauend im Hier und Jetzt stabil zu sein, um angstfrei nach vorn zu blicken. Nimm deine Aufgaben an! Die Esche steht für die Verbindung der drei Welten (obere, mittlere und untere Welt), die drei Nornen (die weiblichen Wesen, die die drei Kräfte des Schicksals, Vergangenheit, Gegenwart und Zukunft, hüten), den Zyklus von Gewesen, Sein und Werden.

Eine bereits in Erdbodennähe geteilte Esche symbolisiert durch ihre zwei Stämme den Lebenswillen und den Zusammenhalt von (Ehe-)Paaren. Sie regt zum Nachdenken über die Möglichkeiten einer Partnerschaft an. Das doppelte Aufwärtsstreben verleiht unbändige Energie. Menschen, die sich intensiv mit der Esche beschäftigt und deren Wesen in sich aufgenommen haben, sind oft von beeindruckender Erscheinung, keine Tagträumer, sondern sich in ihrer Ruhe ihrer Kraft bewusst. Menschen mit der Struktur einer Esche werden in ihrem weiteren Leben über eine stabile Gesundheit verfügen und die Natur lieben. Wenn sie zu sehr dem geistigen Aspekt folgen, sind ihre Nerven schnell überlastet, was in der Folge zu Burn-out und schweren gesundheitlichen Problemen führen kann. Menschen und Paare in der Energie der Esche gehen bei Konfrontationen und Problemen zweck- und zielorientiert vor. Sie nutzen ihre geistige Kraft und haben dabei durch ihre festen Wurzeln einen unerschütterlichen Siegeswillen. Sie sind zäh und unnachgiebig wie das Eschenholz und behalten ihre Ziele stets im Blick. Eschen als Partner an der Seite sind verlässlich, belastbar und manchmal etwas verkopft, weil gern alle

Aspekte beleuchtet werden wollen, wodurch sie oft kühl und beherrscht wirken. Werden sie aber einmal tätig, ist der Eschencharakter unterstützend und hilfsbereit.

Der Eschenbaum wird nie aggressiv und übergriffig seinem Umfeld gegenüber, er ist zwar mit einem gesunden Ego ausgestattet, das sich aber nicht zulasten anderer auswirkt. Das bringt die Esche oft in eine Zwickmühle. Eschen sind gern kommunikativ und eignen sich gut als Coach oder Berater. Sie sind zielstrebig und geben gern. Ihre Verlässlichkeit ist sehr gefragt. Eschen streben mit gesundem Ehrgeiz hoch hinaus. Menschen mit einer Affinität zur Esche sind durch ihr starkes Ego und fokussiertes Zielbewusstsein gut geeignet für Führungsaufgaben und belegen das durch ihren Einsatz. Ihr Bildungsstand ist eher gehoben, da sie Überblick haben. Eine Esche fällt nicht ohne Weiteres um, sie hält so manchem Sturm stand. Der Esche-Mensch nimmt die Herausforderungen des Lebens mutig an. Oft blicken diese Menschen auf schillernde Lebensläufe zurück, doch im Grunde ihres Herzens sind sie für die Menschen in ihrem Umfeld da, und man muss sie einfach mögen.

Erlebe die Esche

TANZ DER ESCHE

Schaue dir deine jetzige Situation an, und wähle intuitiv eine Aufgabenstellung, deren Lösung dir momentan schwerfällt. Das Thema kann in der Familie liegen, eine Frage zu deinem weiteren Berufsweg sein oder z. B. den Wunsch nach einer optimalen Umsetzung deines Herzensprojektes betreffen. Stelle sicher, dass du für die nächsten 30 Minuten nicht gestört wirst. Suche dir eine Esche in der freien Natur, mit der du arbeiten möchtest. Wenn möglich, gehe in den Wald. Bist du bei deiner ausgewählten Esche angekommen, prüfe, ob sie bereit ist, mit dir zu arbeiten. Kannst du nicht in den Wald gehen, stelle eine geistige Verbindung zu einer Esche her, die du kennst und deren Standort dir bekannt ist. Ist dir beides nicht möglich, betrachte ein Bild einer Esche – möglichst nicht auf dem Bildschirm, sondern auf Papier.

Mache dir zu Beginn noch einmal deine Aufgabenstellung klar, dann entspanne dich, und gelange in einen leichten Meditationszustand. Begib dich zu der Esche, und betrachte sie mit geöffneten Augen. Ist sie noch winterkahl, trägt sie bereits Knospen, steht sie im vollen Laub, oder geht es auf den Herbst zu? Wie alt ist die Esche? Wie groß? Nimm wahr, welche Gestalt sie hat, betrachte ihre Leitäste, ihre Blätter und Früchte, falls vorhanden. Schaue dir die Wurzeln an, und beobachte ihre Krone. Nimm auf diese Weise den körperlichen Kontakt mit der Esche auf. Erinnere dich an dein Thema, das du heute mit der Esche besprechen möchtest. Sobald du es klar vor Augen hast, es siehst und spürst, es vollkommen gegenwärtig ist, nimm mental Kontakt mit der Esche auf. Weite hierzu deine eigene Aura Stückchen für Stückchen aus, bis du mit dieser die Aura der Esche berührst. Fühle ihr Sein, erfasse ihr Wesen, erkenne sie, und stelle dich ihr vor. Nenne deinen vollen Namen, und bitte um Begleitung bei deinem heutigen Ritual. Es gibt dafür keine Zeitvorgabe, du wirst merken, wenn eure Auren verschmelzen. Öffne dich für diese Erfahrung.
Nun tritt etwas zurück, stelle dich leicht breitbeinig hin, und »tanze« die Esche. Spüre die Stimmung der Esche in dir, werde zur Esche. Bewege dich, wie du glaubst, dass sie sich selbst bewegt. Verwurzle dich so tief und fest, wie es sich richtig anfühlt. Wachse über deine Umgebung hinaus, fühle den Wind in deiner Krone, und recke dich himmelwärts zur Quelle des geistigen Wissensspeichers. Du bist verbunden mit der Weisheit und dem Überblick der Esche. Trage jetzt mit deinen Worten leise dreimal deinen Wunsch vor. Schaue dabei einmal zum Boden zu deinen Füßen, dann geradeaus in die Ferne und zum Schluss nach oben in die Luft. Erwarte nichts, und lasse den Zauber geschehen.
Die Esche wird dir die Antworten in Worten im Geist und in Gedanken geben, wenn das dein Kanal ist. Sie wird deine Emotionen triggern, wenn du auf diese Weise lernst. Sie wird dir Bilder zeigen, wenn du visuell veranlagt bist. Sei einfach offen, und sei die Esche. Bewege deine Hände über deinem Kopf im Wind, spüre die Kraft in deinem Brustkorb und deinen Beinen. Dann bitte die Esche:

»Esche, du weises Wesen, siehst du in der Vergangenheit, in meinen Wurzeln, auf dem bereits absolvierten Weg, Dinge, die du mir vermitteln kannst, die mir dienlich sein können, zu denen ich im Moment keinen Zugang bekomme? Möglicherweise liegt die Antwort weiter zurück, eventuell sogar in der Ahnenwelt – ich bitte um Bilder dazu.

Kann ich jetzt gerade im Moment etwas tun, was mir dienlich ist?
Was ist in der Zukunft für mich angelegt, welcher Weg ist mir vorgezeichnet?
Welche Alternativen gibt es? Was sagt der Rat der weisen Bäume?«

Sei nun still, und atme ruhig und tief. Du kannst stehen bleiben, darfst dich aber auch aufgerichtet hinsetzen oder dich hinlegen, auf jeden Fall solltest du wach bleiben. Da die Esche alle möglichen Aspekte der Aufgabe bedenkt, kann es einige Minuten dauern, bis die Information fließt. Warte so lange, bis die Antworten kommen. Stoppt die Unterrichtung, bedanke dich bei der Esche und bei allen, die Hinweise beigesteuert haben, die die Esche für dich übersetzen durfte.
Schreibe oder male auf, was du erfahren hast. Mache dir alternativ ein Sprach-Memo am Handy oder PC. Bleibe auf jeden Fall in der Stille, bis dein Verstand und dein Gefühl dir sagen, dass alles erledigt und du fertig bist.

Was kann mich bei der Arbeit unterstützen?

Runen der Esche

Für die Verbindung in die Vergangenheit und zu deinen Wurzeln sind folgende Runen gut geeignet:

URUZ, die den festen Stand und Stabilität liefert, und **OTHALA,** die für die Ahnenkraft steht.

Beim Kontakt mit den geistigen Reichen unterstützt dich **DAGAZ,** die die Verbindung zur höchsten Quelle herstellt. Um klar in der Achtsamkeit des Moments und im Hier und Jetzt zu sein, ist **ISA** die passende Rune.

Mineral der Esche

Der **BERGKRISTALL** ist in seiner Klarheit gut geeignet, die Esche zu begleiten, da er die Schwingungen und Informationsübertragung der Esche verstärkt und verständlicher macht. Er klärt und erhöht die Energie, die herrscht, und lässt das zuvor Unklare deutlich hervortreten.

Erle

Mond des Todes

FEBRUAR

»Geist der Erle,
zeige mir, wie ich
den physischen Schmerz
in eine stabile Basis
wandeln kann.«

Wissenswertes zur Erle

Jahreszeitliche Betrachtung – welche Zeit hütet die Erle?

Ihre Zeit beginnt mit dem Neumond im Februar. Das Licht wurde vor wenigen Wochen neu geboren und ist noch sehr zaghaft. Ganz tief in der Erde fangen die ersten Pflanzen bereits wieder an, ihre Wurzeln zu fühlen und sich zu erinnern.

Biologische und physikalische Betrachtung der Erle

Schwarzerle, Alnus glutinosa

Zu der Gattung der Erlen gehören 41 Arten, und die am weitesten verbreitete ist die Schwarzerle. Sie wird zehn bis 25 Meter hoch, maximal 150 Jahre alt und hält die meiste Bodennässe aller einheimischen Baumarten aus. Sie ist in Fließgewässern oder Mooren zu Hause. Die Schwarzerle trägt sehr früh im Jahr männliche, lang herunterhängende Kätzchen und später im Sommer kleine weibliche Kätzchen. Erlen sind also einhäusig, tragen männliche

und weibliche Früchte an einem Baum. Sie brauchen zur Befruchtung keinen weiteren Baum in ihrer Nähe, dies macht sie unabhängig. Die Erle blüht oftmals schon im März. Im Herbst bildet sie kleine Zapfen. Ihre Silhouette wirkt abgeflacht, die Äste sind zum Teil waagerecht angesetzt. Die Baumart wird gern als Fluss- oder Bachbepflanzung zur Abstützung der Böschung gewählt.

Das Holz der Erle ist stark ölhaltig, was es wasserabweisend und damit langlebig macht. Je öfter das Erlenholz mit Wasser in Berührung kommt, desto härter wird es. Deshalb wird es gern für den Bau von Brücken genutzt. Erlenholz fault auch nur selten. Aus diesen Gründen steht z. B. die italienische Stadt Venedig auf Erlenpfählen. Beliebt ist das Holz auch für Brunnen- und Quellfassungen. Außerdem eignet es sich hervorragend, um daraus im Meiler, einem temporär errichteten Ofen der Köhlerei, Kohle herzustellen.

Überliefertes – Mythologie, Volksheilkunde, Handwerkliches, Magisches

Das Holz der Erle ist zwar sehr hart, lässt sich aber trotzdem gut verarbeiten. Die Flöten der Druiden, mit denen sie die Naturwesen riefen, wurden oft aus ihm gefertigt. Auch für Schutzamulette wurde häufig Erlenholz gewählt. Ebenso bestanden die Holzschuhe und das Kochgeschirr unserer Vorfahren aus Erle. Das Holz der Erle hat einen natürlichen roten Farbstoff, mit dem sich früher die keltischen Krieger bemalten. Die Intention dabei war, dass das »Blut« der Erle die Gegner das Fürchten lehren sollte. Auch wurde früher Leder mit dem zerkauten und zerdrückten Holzbrei gefärbt.

Da die Erle in Auenlandschaften, am Ufer oder in Sümpfen gedeiht, wird gesagt, sie ziehe Wasser an. Wünschelrutengänger fertigen ihre Ruten aus Erlenästen. Werden die Zweige der Erle in Maulwurfshaufen gesteckt, sollen sie gegen Wurzelfraß durch Nager helfen. In die Schuhe gelegtes frisches Erlenlaub soll gegen müde Füße helfen. Geistig gibt es uns den Impuls, nicht in Altem zu verharren. Wir sollen uns mithilfe des Erlengeistes auf den Weg zu neuen Ufern machen. Neben den Blättern, die auch als Auflage gegen Geschwüre helfen sollen, wirkt die zerkaute Erlenrinde gut als Mittel bei Zahnfleischbluten und Zahnentzündungen.

Wofür die Erle jedoch besonders bekannt ist, ist ihre Verbindung zur Zauberei und Hexenkunst. Man kann die Zweige für Gegenzauber nutzen, indem man einen Schutzwall errichtet. Diese Abgrenzung wirkt nicht nur physisch, sondern auch energetisch.
Da, wo Erlen in feuchten Gebieten wachsen, im Erlenbruch oder im Erlengrund, ist die Geisterwelt zu Hause. Hier treiben sie sich herum und führen die Menschen in die Irre: die Wassergeister, Nebelfeen, Elfen, Moorgeister, Irrlichter und Gnome. Die verführerisch lockenden Erlenfrauen werden Irle, Arie oder Else genannt. Die Erlenfrau

wird einerseits als die Göttin des Todes, die über die zerstörerische Wasserkraft herrscht, bezeichnet, andererseits als die Göttin der Geburt, denn alles Leben entsteht im Wasser.

Klirrende Kälte umgibt im Winter den herumirrenden Wanderer, und der Nebel im Erlengrund verbirgt das Ziel. Unseren Ahnen war Nebel unheimlich, weshalb der Wohnsitz des Erlkönigs in den Ästen und Zweigen der Erle gut in diese schaurigen, nebligen Erlengründe passt. Aus dem Nebel der Zeit kamen die Kinder, und dorthin entschwanden auch die Seelen der Toten.

Wer einen guten Zugang zur Anderswelt sucht, ist bei der Erle gut aufgehoben. Sie hütet die Schwelle als einer der Torwächter zur keltischen Anderswelt. Setze dich in den Schatten einer Erle, meditiere, und sie wird dir die Tore öffnen. Der Baum wird hierbei unterstützt von der großen Göttin, den Naturwesen und Pflanzendevas. Bäume speichern generell alle Ereignisse in ihrem Umfeld in einem »morphogenetischen Feld«, so auch die Erle. Aus diesem Grund hatten in ihrer Nähe viele Menschen Visionen und luzide Träume sowie intensive Erinnerungen. Auch Engelvisionen wurden häufig überliefert.

Das Wesen der Erle – die Erle als Lehrerin

Wie nutze ich die Persönlichkeit der Erle für mich

Die Erle gehört zu den ersten Bäumen, die im Jahr äußerlich erkennen lassen, welche Aktivität in ihrem Innern herrscht. Sie beginnt zu der Zeit, zu blühen, wenn das Jahr noch unschuldig, unbedarft und jungfräulich ist. Das ist eine der stärksten Qualitäten der Erle. Sie gibt uns Mut und ermuntert uns, neue Erfahrungen zu machen, ohne über alte Verletzungen nachzudenken. Sie fordert uns auf, das Leben mit Risikobereitschaft anzunehmen, so, wie es kommt. Dadurch kann es sprudelnd und ernährend sein, ohne dass wir einen Gedanken an Begrenzungen, Konsequenzen und Verletzungen verschwenden. Sie öffnet unsere Sicht für das, was hinter dem täglichen Einerlei und den Sorgen liegt.
Die Erle mit ihrer natürlichen Anmut und ihrer Freude darüber, dass sie mit anderen Bäumen zusammenlebt, zeigt uns, wie es ist, in einer Gemeinschaft aufgehoben zu sein. Sie ist sehr offen und freundlich gegenüber Artgenossen, aber auch gegenüber fremden Baumarten. Sie umgibt eine zügellose Energie, wodurch sie uns stets daran erinnert, dass da mehr ist als Last und Qual. Der Baum besticht durch Anmut, Zierlichkeit und frische Ausstrahlung. Er regt den »Fluss« an – in jeder Hinsicht. Also suche die Erle auf, wenn du Aufmunterung und Antrieb benötigst. Wer traurig, mutlos oder depressiv ist, kann sich durch sie ins Leben zurückbringen lassen.
Wenn du mit der Erle arbeitest, kannst du zudem ihre schützende Wirkung gegen allerlei spirituelle Anfeindungen nutzen.

Menschen, die sich zur Erle hingezogen fühlen, sind neugierig auf das Leben und immer neue Herausforderungen. Sie sind in allem vorneweg, ohne langwierige Planung oder Bedenken folgen sie ihren inneren Impulsen. Angstfrei und angefüllt mit Mut begeben sich Erlen-Menschen hinaus in die Welt. Sie wollen Abenteuer erleben, Langeweile ist ein Fremdwort für sie. Sie sind offen für alles Neue, was sich entwickeln könnte, und sehen alles, was ihnen widerfährt, als ein Geschenk des Universums an. Sie sind hervorragend dazu geeignet, festgefahrene Strukturen aufzubrechen und Bewegung in Projekte zu bringen.

Erlebe die Erle

Hier wollen wir einen speziellen Aspekt der Erle anschauen: die Standhaftigkeit, die Fähigkeit, für sich selbst einzustehen. Die Erle ist der Baum, der selbst mit »nassen Füßen« den Halt nicht verliert. Sie glaubt an sich, weiß um ihre Kraft, und je mehr ihr abverlangt wird, desto stärker wirkt und wird sie. Sie wächst in einer eher rauen, kalten Umgebung, und umso bewundernswerter ist ihr Umgang mit anderen Wesen. Man würde vielleicht erwarten, dass sie jammert oder klagt, weil die Umstände so unwirtlich sind. Im Gegenteil: Sie feiert ihr Sein und das Leben! Die Majestät ihrer prachtvollen Erscheinung ist gepaart mit Zurückhaltung und Bescheidenheit. Durch das Wasser des Lebens, in dem sie buchstäblich steht, ist die Erle außerdem eng mit der Göttin der Fruchtbarkeit und damit mit der Geburt verbunden. Sie steht für neue Ideen, die Neuerfindung deiner selbst und für das alte, mitgebrachte Wissen.

DIE FÜLLE EINLADEN

Suche eine Schwarzerle auf, setze dich zu ihren Füßen hin, und lehne dich an ihren Stamm. Verbinde dich mit ihr, wenn du für die Geburt neuer Ideen Inspiration suchst.
Verwende folgende Affirmation, um dich mit der Erle und einigen ihrer Eigenschaften zu verbinden:

»Ich bin gesegnet mit positiv ausgerichteten, neuen Ideen, die den Geldfluss in meinem Leben möglich machen. Das Wasser des Lebens nährt und stärkt mich und macht mich widerstandsfähig.«

Was kann mich bei der Arbeit unterstützen?

Runen der Erle

FEHU, die Rune der Fülle, steht wie die Erle für Fruchtbarkeit, Fülle und Geldzufluss. Die Fülle kommt durch sie nicht nur auf der materiellen Ebene, sondern auch mental und emotional.

Die Rune des Raunens und der Kommunikation, **ANSUZ,** darf bei der Erle nicht fehlen. Sie versinnbildlicht die lockenden Gesänge der herumirrenden Geister.

DAGAZ verbindet mit der höchsten Quelle. Sie steht für die Fähigkeit zum inspirierten Reden und für Wissen, das plötzlich da ist, vor allem altes Wissen.

Mineralien der Erle

ACHATE und besonders der **WASSERACHAT** verfügen über einen inneren Hohlraum, in dem sich mindestens ein Tropfen Jahrmillionen altes Urwasser befindet. Damit symbolisieren sie die Geburtsblase für alles Neue.

JADE ist der königliche Heilstein, der seit jeher für Gesundheit, Erfolg und ein langes Leben steht.

Weide
Mond des Erwachens
MÄRZ

»Geist der Weide, lehre mich die Flexibilität deiner Zweige, auf dass meine Gefühle in die Balance fließen können.«

Wissenswertes zur Weide

Jahreszeitliche Betrachtung – welche Zeit hütet die Weide?

Die Weide ist einer der ersten Bäume, die im Frühjahr aktiv werden. Mit dem dritten Neumond im Kalenderjahr beginnt die Zeit des Erwachens. Deutlich zeigt uns die Natur, wie die jungen Pflanzen aus der Tiefe der Erde zum Licht hinaufwachsen. Schon sehr früh im Jahr recken sich die Weidenkätzchen zur noch schwachen Frühlingssonne hin. Die männlichen Exemplare der Weide entwickeln Kätzchen mit leuchtend gelbem Blütenstaub, der die Freude des bevorstehenden Neuanfangs in den Menschen weckt. Nach der langen Dunkelheit und Kälte empfinden wir beim Betrachten der Weide Mut und Zuversicht. Die Insekten erfreuen sich am Nektar. In der noch kargen Jahreszeit ist er eine wertvolle Nahrung für sie, denn das Futterangebot ist noch sehr gering. Je nach Anzahl der Sonnentage sind die Bienen bereits aus der Winterruhe erwacht und auf der Suche nach Nahrung. Mitten in den Frühjahrsstürmen und dem Hin und Her des milder werdenden Wetters zeigt uns die Weide durch ihre Regungen, dass es aufwärtsgeht und die schwere Zeit des Darbens sich dem Ende neigt. Der Umstand, dass Weiden fähig sind, diesen Wechsel von sonnigen Tagen und Schneestürmen auszuhalten, ohne Schaden zu nehmen, macht sie zu Schwellenhütern, die in verschiedenen Umgebungen zurechtkommen.

Biologische und physikalische Betrachtung der Weide

Kopfweide, Salix viminalis/Trauerweide, Salix babylonica

Weiden gliedern sich in viele Unterarten, die sich hauptsächlich in ihrer Wuchsform unterscheiden. Diese reicht von Sträuchern bis hin zu über 20 Meter hohen und ebenso breiten Bäumen. Die lateinische Bezeichnung Salicaceae vereint alle Weidenarten zu einer Familie. In unseren Breitengraden gibt es gehäuft zwei Arten, die besonders bekannt sind und bereits von Weitem aufgrund ihrer auffälligen Wuchsform leicht zu erkennen sind:
Die **Korbweide** (auch Kopf- oder Bruchweide genannt) hat oft einen breitwüchsigen Stamm mit einer knorpeligen Verdickung am oberen Ende, aus

der ganz viele dünne und lange, gerade Äste wachsen. Diese sind beliebt für die Herstellung von Korbmöbeln, Körben und anderen Flechtwaren. Da Weiden allgemein sehr pflegeleicht sind, trifft man sie häufig als Rohstofflieferanten an. Die **Trauerweide** ist ein hoch aufgerichtet wachsender Baum, dessen wenige biegsame Äste viele dünnere Verzweigungen haben, die gerade nach unten hängen und sich sanft im Wind bewegen. Im Grunde sind alle Arten von Weiden anspruchslos in ihren Bedürfnissen an den Boden und die Nährstoffversorgung. Allerdings brauchen sie sehr viel Wasser, weshalb man sie meist in der Nähe von Gewässern findet. Um die ausreichende Versorgung sicherzustellen, bildet die Weide ziemlich nah der Erdoberfläche ein ausgedehntes und festes Netz von Wurzeln direkt um ihren Stamm herum. Darüber findet sie auch in trockenen Zeiten ausreichend Wasser, selbst bei nur leichtem Regen. Zusätzlich hat sie einige tief gehende Pfahlwurzeln, mit denen sie an das Grundwasser heranreicht und sich selbst dann noch versorgen kann, wenn der Boden vom Winter bis in den frühen Frühling fest gefroren ist und die oberflächlichen Wurzeln kein Wasser erreichen können.

Überliefertes – Mythologie, Volksheilkunde, Handwerkliches, Magisches

Durch die starke Verbindung zum Wasser kommen Menschen in der Nähe von Weiden in den Kontakt mit ihren Gefühlen und Emotionen. Diesem Reiz kann man sich nur schwer entziehen, und so wurde den Weiden häufig nachgesagt, sie würden die Lebensfreude nehmen. Es wurde getuschelt, dass fröhliche Menschen von einem Besuch einer Weide nachdenklich und in sich gekehrt zurückkehrten. Bei den Römern galten die Weiden als Bäume der Toten, als Wächter der Unterwelt, während sie in den Augen unserer Vorfahren magisch-mystische Bäume waren, die sehr lange im Jahr und bereits sehr früh nach dem Winter wieder Leben zeigten. Diese Stärke und die Überlebensfähigkeit machten unseren Vorfahren häufig Angst und ließen sie glauben, die Weide wäre magisch und würde von Hexen für deren Zwecke benutzt. So kraftvoll kann nur ein Wesen sein, das übersinnliche Unterstützung bekommt. Hinzu kommt, dass aus den Ästen der Weiden sehr leicht Flechtwerk hergestellt werden kann. Neben Körben, in denen sie ihre Kräuter aufbewahrten, flochten die heilkundigen, wissenden alten

Frauen auch Knoten in allerlei Formen, während sie wiederkehrend Sprüche aufsagten, um ihren Zauber zu wirken. Auch Teile der Hexenbesen wurden aus den Ästen hergestellt. Dafür wurden um den Eschenstiel herum Weidenstecken gebunden, um den Wechsel in die Traumebene des Visualisierens zu erleichtern.
Im Einflussbereich von Weiden lässt sich häufig auch das »kleine Volk« nieder. Elfen und Zwerge mögen die bodenständige und gleichzeitig fließende Schwingung der Weiden.

Die Kopfweide galt auch als Zeichen der Jungfräulichkeit und des Neubeginns. Nach einem langen Winter ohne Äste erblüht sie im Frühjahr erneut in voller Schönheit. Die Druiden zelebrierten zu dieser Jahreszeit das Fest der Jungfräulichkeit und dankten den Weiden für ihre Wiederkehr. Sie steckten am Rand der Felder frische Weidenzweige in den Boden, um so die Fruchtbarkeit und das Überleben der Weiden zu sichern. Daraus entwickelten sich langsam die Weidenhecken, die wiederum die Felder und das Vieh vor dem rauen Wind schützten.
Mit einer Wünschelrute aus einem Weidenast lassen sich unterirdische Wasseradern leichter finden, denn das Holz der Weide erkennt die Merkmale von Wasserströmen. Mit dem Saft aus den Blättern können auf natürlichem Weg Wolle und Stoff eingefärbt werden – je nach Intensität in Gelb- bis Dunkelgrün.

In der Volksheilkunde ist die Weide für ihre schmerzstillende und entkrampfende Wirkung bekannt. Fast alle bekannten und überlieferten Heiler der Vergangenheit beschäftigten sich damit. In ihrer Rinde bildet dieser Baum einen Stoff, der in der Weiterverarbeitung zu Salicylsäure umgewandelt wird. In früheren Zeiten wurde aus der Weidenrinde ein Tee gegen Kopfschmerzen aufgebrüht. Kein Wunder, dass uns gerade die Kopfweide gegen den Schmerz im Kopf ein Mittelchen schenkt. Allerdings entscheidet die Menge zwischen Heilung und Schwächung: Ein Zuviel der Weidenrinde kann zu Rauschzuständen und inneren Blutungen führen. Aufgrund der heilenden Wirkung wurde der Wirkstoff synthetisch nachgebaut und liefert uns heute ein häufig eingesetztes, sehr bekanntes Mittel gegen Fieber und Kopfschmerzen. Durch das kontrollierte Herstellungsverfahren kann eine versehentliche Überdosierung nahezu ausgeschlossen werden.

Auf seelischer Ebene wurden fein geschnittenes und getrocknetes Weidenholz und Rinde zum Räuchern genutzt. Bei diesem Prozess entsteht ein zarter, süßlicher Geruch mit der Feinheit und edlen Art der Weide, der eine reinigende Wirkung haben soll. Nicht viele Menschen wussten um diese Wirkung, was neben der Tatsache, dass eine Überdosierung zu inneren Blutungen und somit zum Tod führen kann, großes Unwohlsein auslöste.

Um wahrhaftige Heilung zu erfahren, muss diese auf allen Ebenen geschehen, das wussten die Heilkundigen. Nicht nur der Körper, sondern auch der Geist und die Seele müssen in den Prozess eingebunden sein. Deshalb räucherten sie nach einer Behandlung den Raum in allen Ecken vollkommen aus und kehrten ihn mit ihrem persönlichen, magischen Besen aus Eschen- und Weidenholz aus. Die Kombination aus dem weitreichenden Wissen der Hexen und der Kraft der Weiden erzielte gute Ergebnisse. Da allerdings vieles von dem, was die Heilkundigen taten, nicht erklärt werden konnte, wurde es verteufelt und als böse angesehen.

Das Wesen der Weide – die Weide als Lehrerin

Aufgrund ihres Bezuges zum Wasser lässt die Weide allein durch ihre Anwesenheit gestockte Emotionen wieder fließen und hilft dabei, sie auszubalancieren. Ein Zuviel an Wut kann abfließen und wird heruntergekühlt. Der Platz, an dem eine Weide steht, unterliegt ihrem Schutz und ihrer Fürsorge und damit auch alle Wesen, die sich in ihrer Nähe befinden.
Die Weide steht in enger Verbindung zum Mond. So, wie dieser langsam immer sichtbarer wird, um sich dann wieder zurückzuziehen, so, wie Ebbe und Flut vom Mond beeinflusst werden, so beeinflusst die Kraft der Weide dein persönliches Auftreten in der Öffentlichkeit. Nach einer intensiven Zeit im Außen ziehst du dich wieder zu dir zurück.

Die Kopf-/Bruch- oder Korbweide

Den Umstand, dass ihre Äste gut geeignet für die Herstellung von Korbwaren und Möbeln sind, bezahlt die Korbweide mit ihrer Schönheit, denn in den dunklen Monaten werden jene abgeschnitten. Übrig bleiben die Wurzeln und der Stamm. Am Anfang war das für die Weide eine Katastrophe – so hässlich und entstellt, ihrer Größe beraubt, nur noch als dicker Stumpf zurückgelassen zu werden. Dieser Übergriff wirkte auf ihr seelisches Empfinden wie ein Missbrauch. Sie zog sich zurück und gab sich ihrer Trauer in dem Glauben hin, sie würde dieses Prozedere nicht überstehen. Nach ein paar Monaten der Trauer begannen im Frühjahr aus der Verdickung langsam neue Triebe zu wachsen. Als die Weide merkte, dass sie damit wieder zu ihrer alten Schönheit zurückkehren konnte, verwendete sie all ihre Energie auf ein schnelles Wachstum dieser neuen Äste.
Das Wissen um die Chance eines Neuanfangs bekommen wir von der Weide gezeigt. Nach einem Verlust, einem Rückschlag oder während tiefer Verzweiflung hilft uns die Zeit im Austausch mit der Weide, ins Leben zurückzukehren, uns auf unsere Wurzeln zu konzentrieren und durch stete Entwicklung mutig fortzuschreiten. Die Weide erfährt und überwindet

ihren Schmerz selbst jährlich und schenkt uns daher bereitwillig Geduld und Verständnis. Ihre Hilfe musst du dir nicht erarbeiten, sie ist offen für jeden, der sich ihr nähert. Sie leiht dir ihr Ohr und erinnert dich daran, wie sich Freundlichkeit anfühlt und wie viel sie in der Welt verändern kann.

Die Trauerweide

Ganz besonders erkennen wir die Vorliebe für Schönheit und Anmut im Tanz einer Trauerweide, die ihre Äste vom Wind wiegend bewegen lässt. Ein Gespräch mit einer Trauerweide ist wie die Einladung zum Nachmittagstee bei einer wohlwollenden Lady. Verträumt und ganz in sich versunken, nimmt sie die Emotionen und Schwingungen ihrer Umgebung wahr, ohne sich davon in ihrer Art beeinflussen zu lassen. Die Trauerweide ist von bestechender Klarheit – sie mag es nicht, wenn man ihr Honig um den Bart schmiert, daher macht sie es selbst auch nicht. Sie ist bereit, mit uns zu kommunizieren, uns zu lehren und sich mit uns auszutauschen oder einfach nur Kraft zu spenden – auch ohne große Vorplanung und Zeremonie, aber auf der Ebene der Ehrlichkeit. Die Trauerweide kann, auch wenn sie mehr als 40 Meter hoch wird, gut neben anderen Bäumen stehen und diese in ihrer Art wirken lassen. Sie konkurriert nicht, denn sie ist durch ihre Weisheit und Erfahrung selbstbewusst genug, liebevoll jedes andere Wesen seinen eigenen Weg gehen zu lassen.
Wenn du eine Trauerweide etwas fragst oder sie um etwas bittest, sei ganz sicher, dass du die Antwort wirklich hören möchtest. Diese ist nicht verhandelbar. Auf manche wirkt die Trauerweide arrogant, doch sie mag lediglich keine Spielchen und ist sich zu schade, irgendwelchen Eitelkeiten nachzulaufen.

Melancholisch und zugleich sprunghaft und eigenwillig wirken Menschen mit den Eigenschaften der Weidenkraft. Sie sind sehr empfindsam und nehmen alle Schwingungen in ihrer Umgebung wahr. In ihren emotional stabilen Zeiten sind sie gute Ratgeber und stehen dir mit den richtigen Worten zur rechten Zeit zur Seite. Befinden sie sich jedoch in einer melancholischen Phase, träumen sich Weiden-Menschen in eine geistige Ebene, in der sie die Alltagswelt kaum wahrnehmen. Sie fühlen sich in zwischenmenschlichen Verbindungen häufig missverstanden und nicht von Wert, was leicht zu Stimmungsschwankungen führen kann. Für dieses Gefühl gibt es allerdings keine wirkliche Grundlage, denn sie sind gefühlvoll und einfühlsam und dadurch in der Lage, liebevoll zu ihren Mitmenschen zu sein. Mit Weiden-Menschen geschlossene Partnerschaften sind häufig von langer Dauer, da durch den Einfluss der Weide Lebendigkeit und Lebensfreude gelebt werden. Es wird nie langweilig, und die Verbindung erneuert sich ständig aus dem Erlernten und Erlebten. Wegen ihrer besonderen Empfindungsfähigkeit suchen Weiden-Menschen zum Schutz und zur Abgrenzung gern den Halt in der Ernsthaftigkeit der Logik. Sie dient ihnen als verlässlicher Anker im täglichen Leben. Gleichzeitig sehnen sie sich nach Kunst und Schönheit. Sie fließen mit dem Fluss des Lebens.

Wie nutze ich die Persönlichkeit der Weide für mich?

Die Korbweide ist die treibende Kraft, die dich aus der Melancholie zurück ins Leben bringt. Hängst du in deiner Traurigkeit oder Mutlosigkeit fest, kann sie dich die notwendige Klarheit entwickeln lassen. Sie unterstützt dich, Verletzungen, Kränkungen oder auch Zweifel zu verarbeiten. Die Korbweide hat die größte Demütigung erfahren, indem man sie ihrer Schönheit und besonderen Merkmale beraubte. Und doch blieb sie im Vertrauen und erfuhr Heilung. In ihrer Nähe wird dieses Vertrauen auf dich überspringen, sie wird dir die Kraft für einen Neuanfang schenken. Mit der ihr innewohnenden Treue steht sie dir immer zur Seite, wenn du sie aufsuchst. Sie ist geduldig und erwartet nichts, denn sie hat erkannt, dass sich alles zum Guten entwickelt, sobald die Zeit reif ist. Diesen Trost und das Zutrauen findest du, wenn du dich ihr zuwendest. Du hast in ihr eine Freundin fürs Leben gefunden, die alle Tiefen bereits durchlebt und Verständnis sowie eine Lösung gefunden hat.

Kraftvolle Energie hat die Trauerweide genug, ähnelt ihr Wuchs doch einem unendlichen Wasserfall, der aus dem Boden in den Himmel und in Kaskaden wieder zurückfließt. Bist du erschöpft, bitte die Trauerweide darum, dich bei ihr ausruhen zu dürfen. Sie freut sich, wenn die Wesen in ihrer Umgebung glücklich sind. Wichtig dabei ist die Schlichtheit deiner Vorgehensweise.

Ihr Charakter gleicht dem einer Dame! Um würdevoll zu wirken, braucht sie keine Schmeicheleien. Sobald sie im Frühjahr die Herzen der Menschen wieder für das Leben geöffnet hat, legt sie ihren Fokus auf das einfache Sein.

Sei immer du selbst, wenn du einer Trauerweide gegenübertrittst. Vielleicht möchtest du dir bereits im Vorfeld darüber klar werden, welche Fragen du stellst oder in welchen Bereichen du Unterstützung brauchst.

Auch wenn sie über viel Power verfügt, strahlt sie Verträumtheit aus. In ihrer Umgebung entschleunigt sich alles, und bereits nach kurzer Zeit in der Nähe einer Trauerweide wirst du dein überschäumendes Temperament herunterfahren und dich entspannen können. Selbst bei einem Sturm, wenn alle Äste im Wind wehen, wirst du zwischen den Böen erkennen, wie sich die Trauerweide ihrem ureigenen Tanz hingibt.

Erlebe die Weide

Wasser, das im Einflussbereich einer Weide liegt, unterstützt bei der Reinigung und Heilung sowie bei Weihe- und Initiationsritualen. Brauchst du es zur Steigerung des Mutes, des Durchhaltevermögens und der Stabilität, so wähle eine Kopfweide, und lade Wasser bei aufsteigendem Mond an ihr auf. Bei absteigendem Mond kannst du Wasser für Reinigungs- und Heilungsvorhaben an einer Trauerweide weihen.

Um das Wasser aufzuladen, stelle es in einer Wasserschale an die geeignete Weide, und lasse den Mond in Verbindung mit der Kraft der Weide seine Arbeit tun. Wenn du bereits weißt, wofür du es verwenden möchtest, kannst du diese Bestimmung auf einen Zettel schreiben und diesen unter die Schale legen. Hast du noch keine spezielle Anwendung geplant, halte die Formulierung möglichst offen, z. B.: »Ich bitte um Aufladung mit Heilenergie.« Achte bei der Wahl des Gefäßes darauf, dass es keine Beschriftung oder Muster hat, denn deren Energie überträgt sich auf das Wasser. Am besten eignet sich eine schlichte Silber- oder Glasschale. Um das Wasser vor Verunreinigung zu schützen, kannst du es mit einem durchsichtigen Tuch aus natürlichem

Material abdecken, z. B. dünner weißer Seide. Hast du keine Möglichkeit, deine Schale direkt an den Baum zu stellen, kannst du auch Laub oder heruntergefallene Äste einer Weide sammeln und die Schale darauf platzieren. Wichtig ist, dass dir diese Materialien von der Weide mit ihrem Einverständnis überlassen werden.

ORAKELN MIT DER WASSERKRAFT

Die Verbindung von Wasser und Mond fördert unsere intuitiven und empathischen Fähigkeiten. Das Vermögen, zu orakeln, wird als »das zweite Gesicht nutzen« bezeichnet. Diese Methode funktioniert am besten mit einer silbernen Schale ohne Muster. Wasser als unterstützendes Medium erleichtert und vertieft die Durchführung. Reinige für dieses Vorhaben den Raum, indem du ihn räucherst, geeignete Sprays oder einfach Reinigungswasser, das du an der Weide aufgeladen hast, versprühst, oder mit der Kraft deiner energetischen Vorstellung. Dunkle den Raum etwas ab, sodass du weniger durch Außenreize abgelenkt wirst. Sorge dafür, dass du die nächsten 15 Minuten ungestört bist.

Sammle dich für dein Vorhaben. Setze dich bequem, aufrecht und doch locker hin. Atme ganz entspannt ein und aus. Gib nun das Wasser in eine silberne Schale, breite deine Hände darüber aus, und bitte um den Segen und den Kontakt zur Weide. Rufe jetzt die Kraft der Weide und des Mondes hinzu, und warte, bis du ihre Anwesenheit spürst. Du wirst merken, wenn der richtige Moment gekommen ist. Dann stelle deine Frage, am besten hörbar, deine Stimme trägt deinen Wunsch in die Welt und ruft die Antworten herbei. Starre jetzt mit weit geöffneten Augen auf einen Punkt auf der Wasseroberfläche. Halte während der ganzen Zeit den Blickkontakt. Die Weide hilft dir bei der Erkenntnis, da sie innere Widerstände auflöst und die Botschaften dadurch frei zu dir gelangen können.

Bedanke dich zum Abschluss bei den Helfern, die dich begleitet haben. Wenn du möchtest, schenke ihnen etwas von dir. Das kann ein Lied sein, besondere Worte, etwas Räucherwerk oder auch ein Stück Schokolade. Sie werden sich die Essenz daraus nehmen.

Du kannst das Wasser für weitere Orakel als deinen persönlichen Einstieg nutzen. Verschließe es nur gut, damit es rein bleibt. Falls du es entsorgen möchtest, gib es der Natur zurück.

Was kann mich bei der Arbeit unterstützen?

Runen der Weide

Die Rune **LAGUZ** lässt dich mit dem Fluss des Lebens fließen und bringt dich in Kontakt mit deinen Emotionen. Sie verdeutlicht dir, wie deine unbewussten Regungen ablaufen und wodurch sie ausgelöst werden. Male diese Rune auf deinen Körper an die Stellen, an denen sich Körpersäfte ansammeln, und löse damit die Stagnation auf. Hast du während eines Wasserschalenorakels Schwierigkeiten, dich zu öffnen oder Botschaften zu erhalten, zeichne die Rune **LAGUZ** auf den Grund der Wasserschale und fördere so den Fluss der Informationen.

SOWILO lässt dich deine innere Führung wahrnehmen und motiviert dich, Veränderungen anzunehmen, die in dein Leben gespült werden. In der Reflexion mit der Weisheit der Weide erkennst du, was dich wirklich fördert und dich im Leben weiterbringt.

Mineralien der Weide

OPAL und **PERLE** entstehen im Wasser und sind mit der Weide verbunden. Sie unterstützen dich dabei, deine Säfte in den Fluss zu bringen. Gleichzeitig fördert ihre sanfte und schillernde Oberfläche liebevolle und sanftmütige Stimmungen.

Weißdorn

Mond des wachsenden Grases

APRIL

»Geist des Weißdorns,
stärke mein Herz, damit ich
mich mit Ausdauer und Kraft
auf neue Entwicklungen
einlassen kann.«

Wissenswertes zum Weißdorn

Jahreszeitliche Betrachtung – welche Zeit hütet der Weißdorn?

Im April werden die Temperaturen milder, überall wächst und gedeiht es. Doch der Kampf zwischen milden Temperaturen an sonnigen Tagen und enormen Temperaturstürzen mit Hagel und wilden Windböen ist noch nicht entschieden. Die winterlichen Einflüsse wehren sich gegen den Rückzug. Es ist ein Gerangel um die Vorherrschaft der Jahreszeiten, bei dem der Weißdorn die Kraft hat, Widerstand zu leisten. Sein Holz ist hart, und er steht unerschütterlich im Wind.
Der Weißdorn entwickelt bereits in dieser frühen Jahreszeit übermäßig viele weiße Blüten, wegen derer er schon von Weitem zu erkennen ist. Dieses Blütenmeer überdeckt die noch sehr zarten, hellgrünen Blätter und lässt den Weißdorn sichtbar wie einen riesigen Schneeball leuchten. Die Blüte des Weißdorns überdauert mehrere Wochen und schenkt sehr viel Blütenstaub. Daher ist die Krone des Weißdorns meist voller Insekten, Bienen und Hummeln, deren Summen häufig schon über viele Meter zu hören ist.

Biologische und physikalische Betrachtung des Weißdorns

Weißdorn, Crataegus monogyna

Die Wuchsform des Weißdorns ist eher breit als hoch. Meist wird er ca. fünf, sehr selten sogar zehn Meter hoch. An den Ästen, deren große Anzahl ein dichtes Gewirr bildet, befinden sich lange, starke und spitze Dornen. Dadurch entstehen aus mehreren zusammenstehenden Weißdornbüschen natürlich gewachsene Schutzhecken. An den Außengrenzen einer Weide gepflanzt, halten sie die Weidetiere in dem geschützten Areal und verwehren gleichzeitig Fressfeinden den Zugang. Auch Ackerland und Felder bewahren sie vor dem Fraß durch Wildtiere. Einmal gepflanzt, ist der Weißdorn sehr anspruchslos und braucht wenig Pflege. In manchen Regionen hat er wegen der Funktion als Hecke den Beinamen Heckendorn oder Hagedorn. Nicht nur den Insekten bietet der Weißdorn bereits im Frühjahr mit seinen Blüten Nahrung, auch seine roten Beeren sind essbar und bei Vögeln und Nagetieren beliebt. Frisch vom Strauch gepflückt, schmecken sie süßsauer. Manchmal haben sie allerdings einen mehligen Beigeschmack. Die getrockneten Beeren wurden früher gemahlen, und dieses Pulver wurde dann mit anderem Mehl zusammen verarbeitet. So erhielt der Weißdorn auch den Alternativnamen Mehlbeere. Getrocknete und gemahlene Beeren wurden ebenso als Kaffeepulverersatz genutzt, denn Weißdorn macht wach und stärkt. Wanderern bieten seine Früchte eine Erfrischung auf ihrem Weg, doch hier ist Vorsicht geboten! Mit seinen Dornen gibt der Weißdorn sie nicht leichtfertig von sich, du musst es dir schon erarbeiten.

Überliefertes – Mythologie, Volksheilkunde, Handwerkliches, Magisches

Weltweit bekannt und wohl die häufigste Anwendung des Weißdorns ist seine das Herz stärkende Wirkung. Ein beliebtes Mittel ist in Drogerien und Apotheken bereits fertig hergestellt zu erhalten. Die Schwingung des Weißdorns bringt uns dabei mit unserem natürlichen Rhythmus in Verbindung. Eine zu schnelle Herzfrequenz wird beruhigt, eine zu langsame angeregt. Der Weißdorn gleicht aus und kräftigt gleichzeitig den Herzmuskel. Dieses Geschenk fällt besonders bei Herzen ins Gewicht, die im höheren Alter schneller erschöpft sind.

Wanderstäbe aus Weißdorn sollen vor Erschöpfung beim Wandern schützen. Auch hier wird das Herz durch das Halten des Stabes in der Hand gestärkt.

Der Weißdorn hat laut Überlieferung noch weitere unterstützende

Eigenschaften. Ein Weißdornzweig über der Eingangstür soll Krankheiten den Zugang verwehren, denn die harten Dornen schrecken deren Geist ab. Dieser Gedanke ließ auch unsere Vorfahren bei Frühjahrsritualen durch einen Durchgang zwischen Weißdornbüschen schreiten mit der Vorstellung, dass die im Winter entstandenen Krankheiten an den Dornen hängen bleiben und sich in der Frühjahrssonne auflösen. Ein Weißdornast oder eine kleine Holzscheibe über der Eingangstür hält zusätzlich negative Energien davon ab, mit in dein Heim zu kommen.

Das Holz des Weißdorns ist fest und stabil. Hältst du es in der Hand, wirst du seine Standhaftigkeit spüren. Aus diesem Grund wurden Schutzamulette und Kraftstäbe aus Weißdornholz gefertigt, die Standfestigkeit und Widerstandsfähigkeit verleihen sollten.
Auch Zauberstäbe werden aus Weißdorn gemacht, um die Luftgeister zu leiten. Liegt während einer Astralreise ein Weißdornstab neben dir, schützt er dich vor unerwünschten Kontakten und Besuchern aus der Astralebene.
Wegen seiner Fähigkeit, Grenzen zu setzen, hilft er ebenfalls in der realen Welt hervorragend bei der Abwehr unerwünschter Begegnungen. Trage dazu eine kleine Scheibe oder Perle aus Weißdornholz bei dir.
Die abwehrenden Dornenäste bieten außerdem zarten Elfen Schutz, denn sie wohnen gern in Weißdornhecken und lieben deren Blüten und feinen Duft. Ein Weißdornast, der von allein abgefallen ist, kann dir helfen, mit Elfen zu kommunizieren und sie wahrzunehmen. Halte ihn dafür in den Händen, und er fördert den Kontakt zu den Naturgeistern und stimmt sie milde. Hüte ihn gut, solltest du solch einen Ast auf dem Weg finden. Er ist ein Geschenk des Weißdorngeistes.
In der Mythologie wird von einem Schlafzauber berichtet, der mit dem Weißdorn durchgeführt wurde.
Er übt eine beruhigende Kraft auf nervöse und hyperaktive Menschen aus, lässt sie sich entspannen und sich der Schwingung um sie herum anpassen. Möglicherweise hat das Summen und Sirren der vielen Insekten in der Weißdornkrone zu dieser Entspannung geführt, wenn die Menschen sich zum Ausruhen unter den Weißdornbusch legten.

Das Wesen des Weißdorns – der Weißdorn als Lehrer

Der Weißdorn bildet selten eine knorrige Rinde, und wenn doch, dann sprengt er von Zeit zu Zeit Stücke davon ab. Er öffnet sich dem Leben und entfernt die Verhärtungen. Ein Weißdorn braucht keine dicke Hülle, denn er weiß um die Schutzwirkung seiner Dornen, die bei unvorsichtiger Berührung heftig piksen. Die Kraft des Weißdorns wirkt intensiv, und sein festes Holz vermittelt dir das Gefühl, dich gut abgrenzen zu können. Eine Weißdornscheibe, die du vor dem Herzen trägst, schützt dich möglicherweise vor falschen Freunden oder negativen Begegnungen mit Wesen aus der Zwischenwelt.

Beim Weißdorn dreht sich alles um die Herzenergie. Auf der körperlichen Ebene wirkt er stärkend auf das Herz-Kreislauf-System. Die Kommunikation mit dem Weißdorn bringt dich auf der energetischen Ebene ebenfalls zurück zu deinen Herzensangelegenheiten. Verletzungen, Trauer und Sehnsucht sowie Bindungen kannst du während der Kommunikation mit dem Weißdorn aus einer höheren Warte betrachten. Er findet den Überblick, weil er in die Vergangenheit zurückschaut und die Zukunft sehen kann. Von diesem Standpunkt kann er helfen, das Vergangene zu heilen und das Zukünftige positiv mitzugestalten. Seine Klarheit lässt dich die Zusammenhänge erkennen. Mit seiner liebevollen, aber strukturierten Art unterstützt er dich, den Weg aus einer deprimierenden Situation zu suchen und dein gebrochenes Herz zu heilen. Er gibt dir die Energie, die dich mit Freude zurück ins Leben führt.

Der Weißdorn ist eng mit dem Luftelement verbunden und ein unbezwingbarer Freigeist. Gleichzeitig ist er ein »Arbeiter«, kein Philosoph. Er will Lösungen liefern und plappert keine Oberflächlichkeiten, nur, um zu kommunizieren. Findet er jedoch einen interessanten Gesprächspartner, sprudeln die Informationen nur so aus ihm heraus. Er diskutiert nicht über die vielen möglichen Lösungswege. Auf Fragen zum Umgang mit Situationen des täglichen Lebens antwortet er kurz und eindeutig. Er erkennt dein

Anliegen, und da er um die Zusammenhänge des Lebens weiß, gibt er gern einen strukturiert aufbereiteten Rat. Du kannst dir sicher sein: Er zweifelt nie an sich. Er ist sich seiner Verantwortung bewusst, und bevor er eine Antwort gibt, hat er diese im Voraus ganz gewiss gründlich geprüft.
Mit seiner Geschäftigkeit leitet dich der Weißdorn an, dich in den Fluss des Lebens zu begeben. Er trödelt nicht und ist zuverlässig. Gibt er dir Zeitangaben, so halte dich unbedingt daran. Der Weißdorn erwartet Pünktlichkeit. Seine Zeit, der Frühling, bringt neues Leben, neue Ideen und neue Projekte, er fördert Mut und Aufbruchsstimmung. Der Weißdorn hilft dir, den »Hintern hochzubekommen«, wenn du antriebs- oder mutlos bist.
Zauber- und Kraftstäbe aus Weißdornholz unterstützen dich dabei, dich auf neues Terrain zu begeben und den Gegenwind, der dort herrschen könnte, aufrecht auszuhalten.

Menschen, die sich in dem Verhalten des Weißdorns wiederfinden, sind häufig gute Ratgeber. Selbst die Erledigung schwierigster Aufgaben schaffen sie mit Bravour. Meist sind sie auch körperlich kräftig. Strukturen von Situationen erkennen sie kristallklar, denn sie können die Vergangenheit und das Jetzt leicht verbinden und den Weg in die Zukunft erfassen. Bist du ein Weißdorn-Mensch, hast du ein großes Herz für deine Mitmenschen und bist bestrebt, Klarheit zu verbreiten und damit die Herzen zu öffnen.

Wie nutze ich die Persönlichkeit des Weißdorns für mich?

Wenn du immer wieder mangelnde Abgrenzung und Grenzüberschreitungen erlebst, kann dir der Weißdorn gut zur Seite stehen. Stelle ein Bild eines blühenden Weißdorns auf deinen Altar oder Schreibtisch, und halte dich häufig in dessen Nähe auf. In Situationen, in denen dir alles zu nahe geht und du in Stress gerätst, weil dich die Verarbeitung des Erlebten überfordert, betrachte den Weißdorn, und lasse zu, dass seine »Dornenhecke« einen energetischen Schutzraum um dich herum zieht. In diesem Schutzraum bist du jederzeit mit allem versorgt. Erinnere dich an die vielen nahrhaften Beeren des Weißdorns.
Wenn du unter Liebeskummer leidest, setze dich in die Nähe eines Weißdorns und bitte ihn, dir zuzuhören. Du wirst ihm deine Geschichte erzählen dürfen, und er wird geduldig hinhören. Bedenke aber, dass die Kommentare des Weißdorns in keiner Weise übermäßig mitfühlend oder liebevoll sein werden.

Er wird deine Situation nüchtern analysieren und dir einen praktikablen und hilfreichen Rat schenken, aber sicherlich keinerlei Schmeicheleien. Das wird dich weiterbringen und dir bei deiner Entwicklung helfen. Darum bedenke: Frage einen Weißdorn wirklich nur, wenn du auch eine ehrliche Antwort hören möchtest.
Dasselbe gilt, wenn du in einer vermeintlich aussichtslosen Situation Mut brauchst. Der Weißdorn wird hinhören, dir zur Seite stehen und dich motivieren. Möglicherweise erfolgt dies nicht durch Worte. Der Weißdorn kann dich auch unterstützen, indem er dir seine Energie überträgt und du sie kraftvoll spüren kannst.

Erlebe den Weißdorn

Der Weißdorn heilt Herzen auf allen Ebenen. Hast du dein Herz verschlossen, weil du einmal tief verletzt wurdest oder Angst vor Verletzungen hast, so zeigt dir der Weißdorn, wie du es wieder öffnen kannst. Bist du müde davon, viel und intensiv schwierige Aufgaben zu bewältigen oder anderen Menschen zu dienen? Der Weißdorn stärkt dein Herz auf der körperlichen Ebene und ermutigt dich, Neues zu beginnen und daran zu wachsen. Deine Erfahrungen richten dich auf.

ALTES LOSLASSEN UND NEUES GESTALTEN

Das Vergangene belastet häufig den Neuanfang. Das »kleine« Herz fürchtet sich und verharrt lieber in der Begrenzung. Bei der Auflösung einer solchen Situation möchte dich der Weißdorn unterstützen. Du bekommst von ihm Hilfe, Altes freizugeben und Neues zuzulassen. Nimm dir nun ein Thema vor, das du bearbeiten möchtest.
Wenn möglich, suche dir einen ungestörten Platz mit einem oder mehreren Weißdornsträuchern. Rüste dich aus, um einige Zeit vor dem Wetter geschützt zu sein. Möglicherweise ist eine Decke oder ein Kissen angebracht. Wenn du diese Arbeit zu Hause in deinen Räumen durchführen möchtest, musst du dir vorher ein paar Äste des Weißdorns holen. Das Holz sollte möglichst vom Wind herabgeweht worden sein. Vermeide es, Holz oder Früchte vom lebenden Baum abzureißen.

Folgendes brauchst du für dein Vorhaben:

» eine Dankesgabe für den Geist des Weißdorns (Räucherung, Gesang, eine Melodie, die du auf einem Instrument spielst, o. Ä.)
» frisches Wasser und eine kleine Schüssel, in die du vor Ort das Wasser hineingeben kannst
» zwei DIN-A4-Blätter
» einen roten Stift
» einen normalen Schreibstift (Bleistift, Kugelschreiber, Faserschreiber o. Ä.)
» Streichhölzer

Bedanke dich zu Beginn bei dem Geist des Weißdorns, und übergib ihm deine Dankesgabe.
Setze dich zu dem Weißdorn, und erspüre die Energie deiner Umgebung. In deinem Zuhause verteilst du die Weißdornäste kreisförmig um dich herum. Dabei dürfen Lücken entstehen. Atme entspannt, und komme mit deiner Aufmerksamkeit in der Situation an. Genieße den Moment der Entspannung und Einstimmung. Betrachte deine Umgebung, und nimm wahr, was sich in deiner Nähe befindet. Erspüre die Geborgenheit und den Schutz des Weißdorns.
Nimm jetzt das erste Blatt und den roten Stift, und male groß über das ganze Blatt die Rune HAGALAZ. Atme ein und aus, und rufe dreimal die Rune bei ihrem Namen, indem du jede Silbe lang ziehst. Stelle dir vor, wie die Kraft der Rune durch das Papier zu wirken beginnt. HAGALAZ unterstützt dich beim Loslassen von Überholtem, das dich nur noch belastet.
Besinne dich auf das, was du nun erlösen möchtest, und schreibe mit dem normalen Stift auf das Blatt mit der HAGALZ-Rune alles, was nicht mehr zu dir gehört, was du auflösen und gehen lassen möchtest. Schreibe alle Randerscheinungen zu diesem Thema auf, derer du dich entledigen möchtest. Lasse dazu ins Bewusstsein aufsteigen, was jetzt zu deinem Thema wichtig ist. Hast du alles Wesentliche notiert, so gieße das Wasser in die Schüssel. Lege das Blatt mit der HAGALAZ-Rune so vor dich hin, dass du noch gut lesen kannst, was du geschrieben hast. Gehe nun mit deiner Aufmerksamkeit Stück für Stück durch deinen Körper. Befeuchte deine Hände in der Wasserschale. Nimm wahr, an welchen Stellen deines Körpers sich die Eindrücke dieser Erlebnisse eingenistet haben, und lege deine Hände dort auf. Das Wasser weicht die Verhärtungen auf. Ziehe jetzt mit deinen Händen die Abdrücke nach und nach aus dem ganzen Körper, und lege sie auf das HAGALAZ-Blatt. Stelle dir dabei vor, dass an die frei gewordenen Stellen reines, heilendes Licht fließt. Es bleibt

keine Stelle leer. Befeuchte deine Hände immer wieder neu. Streiche über die Bereiche deines Körpers und deiner Aura, an denen gerade die Erinnerungen deiner Zellen geklärt werden. Mache das so oft und so lange, bist du spürst, dass alles, was durch dieses Thema entstanden ist, auf das Blatt übertragen wurde und aus deinem Körper und damit deinem Energiefeld verschwunden ist. HAGALAZ nimmt sich dessen an und löst es auf.
Nimm abschließend die vier Ecken des Blattes, und falte sie in der Mitte zusammen. Knülle das Blatt fest zusammen, sodass es einen geschlossenen Ball ergibt, der alles Überflüssige enthält. Entsorge diesen Ball, indem du ihn verbrennst. Die Energie löst sich auch für dich sichtbar auf. Sei vorsichtig, wenn du ein offenes Feuer machst!
Auf das zweite Blatt zeichnest du die Rune THURISAZ. Verfahre wie mit der HAGALAZ-Rune, und erwecke so die Kraft der THURISAZ-Rune auf dem Papier. THURISAZ gibt dir die Dynamik und den Schutz für neue Pläne. Überlege dir jetzt, was du Neues in dein Leben einladen möchtest. Was, glaubst du, kann dich weiterbringen? Wie sollen deine nächsten Schritte aussehen, und auf welches Ziel möchtest du sie lenken? Schreibe auf dieses Blatt alles, was dir in diesem heilsamen Moment in den Sinn kommt. Wohin führt dich deine Sehnsucht? Erstelle deine Vision, genährt von der aufbauenden Kraft der THURISAZ-Rune. Nimm dieses Blatt mit heim, und hänge es an eine Stelle, zu der du häufig schaust. So wirst du immer daran erinnert, dass du auf dem Weg bist, den du gewählt hast und bei dessen Beschreiten du kraftvoll unterstützt wirst.
Bedanke dich zum Abschluss beim Geist des Weißdorns für seine Klarheit und Unterstützung. Falls du ein paar Äste des Weißdorns gefunden hast, überlege dir, ob du sie über deine Eingangstür hängen möchtest. Euer Kontakt wird dich auch in deinem Zuhause schützen und leiten.

Was kann mich bei der Arbeit unterstützen?

Runen des Weißdorns

HAGALAZ besitzt die Kraft, die wie der Hagel alles zerstört, was nicht kraftvoll genug ist oder belastet. Die Rune schafft aber auch Platz für Neues, das dich unterstützt und weiterbringt. Sie leert deinen Lebensrucksack und entfernt Ballast. Und wie der Weißdorn sucht sie nicht nach Kompromissen, sondern zeigt dir klar auf, wohin deine Entwicklung gehen sollte. Sie leitet dich an, einengende Strukturen aufzubrechen und die wahre kosmische Ordnung zu erkennen. Sie lenkt positive Energie in dein Leben.

THURISAZ ist die kosmische Quelle übersprudelnder Energie, auch Thors Hammer, mit deren Hilfe du Schutz und Widerstandskraft erhältst. Sie hilft dir, negative Erfahrungen aufzulösen, indem du diese in positive wandelst. Sie zeigt dir auf, wodurch und auf welche Weise dein Wachstum behindert wird, und sie nährt dein Energiefeld, damit du die entsprechenden Veränderungen durchführen kannst.

Mineral des Weißdorns

Der **SMARAGD** hilft dir bei Zuständen von innerer Unruhe, Verzweiflung und Unzufriedenheit. Wenn du in deinem Leben Halt suchst, entwickelst du durch den Kontakt mit dem Smaragd Stabilität und Zielstrebigkeit. Er stärkt das Herz und schenkt dir frische Energie. Das Auflegen eines Smaragdes auf das Dritte Auge öffnet deinen Blick auf die Ursache für deine Lebenskrise. Du entwickelst wieder Zuversicht und Hoffnung und lenkst deinen Fokus auf neue Ziele. Durch diesen frischen Lebensmut heilt ein gebrochenes Herz, und die Liebe kann sich wieder entwickeln.

Eiche

Mond der Aussaat, des Pflanzens

MAI

»Geist der Eiche, zeige mir, wie ich nach einem Fall wieder aufstehen kann – immer zur passenden Zeit, unter Nutzung der natürlichen Ressourcen.«

Wissenswertes zur Eiche

Jahreszeitliche Betrachtung – welche Zeit hütet die Eiche?

Die Eiche steht für den Wonnemonat Mai: für die Zeit, in der die Samen für den nächsten Zyklus entstehen. Der Namensstamm der Eiche kommt von dem gälischen Wort »duir«, was frei übersetzt »Tür« bedeutet und für Festigkeit, Kraft und Schutz steht. Auch das Wort »Druide« ist davon abgeleitet. Die Eiche ist die Königin der Wälder.

Biologische und physikalische Betrachtung der Eiche

Eiche, Quercus

Zur Zeit der Eiche, im April und Mai, toben meist die Frühjahrsstürme. Die ungestüme Kinderzeit des Jahres will das letzte Stück Winter vertreiben. Die Eiche erwacht, baut sich solide auf und wächst langsam, ohne Hektik. Eichen werden 50 Meter hoch und besitzen ein starkes und festes Holz, das bis zu 1000 Jahre leben kann. Aufgrund dieser Stärke hatten die Menschen in den letzten 2000 Jahren viel Achtung vor den Eichen und vertrauten ihnen. Selbst wenn ein Blitz in den Baum einschlug und ihn in zwei Teile teilte, wuchs er weiter. Diese Unbeirrbarkeit und das Selbstvertrauen zieht die Eiche aus ihren Wurzeln, denn so groß wie die Krone, so groß ist auch ihr unterirdisches Wurzelgeflecht. Es gibt ihr in der Zeit der Frühjahrsstürme Halt, wenn alles an ihr zerrt und rüttelt. Aufgrund dieser Standfestigkeit und ihrer Langlebigkeit wurden Eichen auch oft als Gerichtsbäume genutzt, unter denen Recht gesprochen wurde (und teilweise auch Strafen vollzogen wurden). Ebenso wurden sie als Grenzbäume zur Markierung von Grund- und Bodengrenzen gepflanzt. »Wie oben, so unten«: Oft sind die Wurzeln so dick wie die Äste. Wer gute und starke Wurzeln hat, kann weit nach oben wachsen und sich ausbreiten.

Überliefertes – Mythologie, Volksheilkunde, Handwerkliches, Magisches

Die alten Römer verehrten die Eiche als einen den Göttern geweihten Baum. Sie glaubten, dass in den Eichen Götter wohnten, denn nur diese konnten eine so große Lebenskraft besitzen. Ebenso waren dem germanischen Volk und den keltischen Druiden die Eichenansammlungen, Eichenhaine genannt, heilig. Ihre Rituale vollzogen sie im Schutz der mächtigsten Eichen. Während der Christianisierung wurden viele dieser alten Riesen gefällt, um die eigenständige Gerichtsbarkeit zu brechen. Der Papst und die Pfarrer sollten Zugriff auf das Volk bekommen, und die Götzenplätze, an denen die alten Götter angebetet wurden, wurden vernichtet. Exemplarisch sei hier die »Donareiche« genannt, die im achten Jahrhundert im Auftrag von Papst Gregor gefällt wurde.

In vielen Traditionen gilt die Eiche als männlich. Ihre Beharrlichkeit und ihre Kämpfernatur werden oft fälschlicherweise als starr bezeichnet. Doch starrsinnig ist die Eiche bei Weitem nicht: Sie hat ein großes Herz, aber sie erniedrigt sich nicht. Sie unterstützt, berät und begleitet, verleugnet jedoch niemals ihre eigene Wahrheit. Das Laub der Eichen ist schon seit vielen Jahrhunderten das Symbol für Auszeichnungen bei besonderen Leistungen. Die Germanen nutzten als Siegeszeichen z. B. Kränze aus Eichenlaub anstelle von Lorbeer. Auch einige Wappen und Uniformabzeichen führen heute noch das Eichenblatt. Intuitiv werden damit Schutz, Stärke und Kraft assoziiert.

Die Stärke und Aufrichtigkeit sowie die Fähigkeit, bedingungslos aus Liebe zu dienen, machten Äste aus Eichenholz zu guten Zauber- und Kraftstäben. Die Bearbeitung dieses harten Holzes erforderte eine Menge körperlichen Einsatz. Im übertragenen Sinne mussten Zauberstäbe aus Eiche und auch weitere magische Ritualgegenstände aus Eichenholz hart »erarbeitet« werden. Das Ergebnis

waren kraftvolle und lange haltende Utensilien für die Ritualarbeit. Der Legende nach soll der Zauberstab von Taliesin, dem Merlin zu König Artus' Zeiten, aus Eichenholz gefertigt gewesen sein.
Die verschiedenen Teile der Eiche sind traditionell überlieferte energetische Reinigungsmittel: Sammle hierfür im Wald Eichenblätter und Eicheln mit Hütchen, die als Ganzes unter den Eichen liegen. Säubere zu Hause die Blätter in Salzwasser, und lege sie mit den Eicheln in eine Schale mit warmem Wasser. Stelle diese auf deinen Altar, und verbinde dich mit dem Eichengeist. Bitte die Eiche um Reinigung und Säuberung sowie um die Befreiung von allen Einflüssen, die nicht mehr zu dir passen. Die Eiche ist stark und kraftvoll. Ziehe diese Energie in dein eigenes Kraftfeld, und verstärke das, was du tust, mit Worten des Dankes.

Eichenholz ist außerdem hervorragend, um Häuser und Möbel zu bauen. Es wird, sobald es verbaut ist, mit den Jahren härter und fester und ist resistent gegen Schädlinge. Vor allem aber wurde es von unseren Vorfahren für den Schiffsbau genutzt – ohne die Eiche wären viele Entdeckungsreisen nicht möglich gewesen.
Eine weitere wichtige Eigenschaft der Eiche sind die starken und gut wirksamen Gerbstoffe der Rinde, mit denen Tierfelle gegerbt werden.

Die Gerbstoffe sind auch der Grund für die Heilwirkung der Eichenbestandteile. Bäder und Sitzbäder sowie Waschungen werden für die Behandlung von Hautkrankheiten, Fisteln, Hämorrhoiden, offener Haut, Ekzemen, Krampfadern, Wunden, Verbrennungen u. v. m. benutzt. Bei Zahnfleischbluten wird mit einer wässrigen Lösung gegurgelt.

»Eichen sollst du weichen, Buchen sollst du suchen«, heißt ein traditioneller Rat bei Gewitter. Ursprung dessen ist, dass Eichen oft auf Wasseradern wachsen. Mit ihrer starken und langen Mittelwurzel reichen sie bis weit in den Boden. Ihre ausladende Krone in Kombination mit ihren Füßen im Wasser macht die Eiche zum idealen Blitzableiter. Deshalb glaubten die Germanen, dass der Donnergott Donar, der Freund der Eichen, durch sie spricht. Eichen wachsen sogar an Stellen, die energetisch gestört sind, sodass kaum ein anderer Baum an ihnen gesund wachsen kann. Ist der Platz besonders belastet, wird die Eiche von der auf ihr wachsenden Mistel beim Heilen und Ausgleichen unterstützt. Misteln von Eichenbäumen haben besonders starke Heilkräfte, und sie sind in der Lage, die Giftstoffe zur Auflösung ans Licht zu bringen. Die Früchte der Eiche, die Eicheln, wurden lange Zeit zur Herstellung von Kaffeepulverersatz und Mehl zum Backen verwendet. Dieses Mehl war sehr fettig und sicherte dadurch in Notzeiten die fehlenden Kalorien. Die Eiche nährt auf allen Ebenen: physisch und metaphysisch.

Das Wesen der Eiche – die Eiche als Lehrerin

Die Eiche lädt uns ein, mutig voranzuschreiten, neue Türen zu öffnen und unbekannte Wege zu gehen. Sie ist stolz und mutig, doch verabscheut Hochmut. Ihr Stolz entsteht aus dem Wissen um ihre Fähigkeiten und der Freude darüber. Eine ihrer Qualitäten ist die Bescheidenheit, wegen derer viele Menschen sie bewundern. Sie hat keine Angst vor Gefahren und trotzt jedem Angriff in dem Wissen, letztlich als Siegerin aus der Situation zu gehen.

Wie nutze ich die Persönlichkeit der Eiche für mich?

Die Eiche will dienen. Sie ist so stark, dass sie selten Hilfe annimmt. Mangel kennt sie nicht, daher gibt sie gern und aus vollem Herzen. In ihrem langen Leben sieht und hört die Eiche viel, weswegen sie schon immer als weise und erfahren angesehen wurde. Diese positiven Stärken wurden von Germanen und Kelten genutzt: Sie wählten die Plätze unter Eichen für ihre Beratungen. Kraftplätze, die über die Jahrhunderte mit der Schwingung von Ritualen aufgeladen wurden, befinden sich meist in direkter Nachbarschaft zu alten Eichen. Die Bäume wachsen kraftvoll an energetisch besonders aufgeladenen Orten, und diese Orte wiederum werden von der Stärke und Schwingung der Eichen durchzogen.
Die Eiche vereint viele positive Wesenszüge: Freundlichkeit, Hilfsbereitschaft, Kraft, Stärke, Schutz und Fruchtbarkeit. Das alles gibt sie viel und gern an andere weiter. Es ist leicht, eine Eiche zum Freund zu gewinnen – wenn du sie achtest und mit Freude auf sie zugehst. Begegnest du ihr mit reinem Herzen, ist sie sofort bereit, dich mit voller Kraft zu unterstützen. Die Eiche ist ein kommunikativer Baum. Wenn sie jemanden akzeptiert, beginnt sie sofort, zu reden. Sie weiß, was in dem Menschen, der zu ihr kommt, los ist, und hat meist schon einen liebevollen Rat, bevor man selbst überhaupt das Problem erkannt hat. Die Eiche schaut uns ins Herz und liest darin.

Fühlst du dich zu Eichen besonders hingezogen, bist du wahrscheinlich ein in sich ruhender Mensch mit großer Widerstandskraft. Menschen mit der Kraft der Eiche stehen anderen Menschen in vielen Situationen zur Seite. Sie sind als zuverlässig und stabil bekannt. Mit zu viel Eichenkraft verlierst du jedoch möglicherweise die Flexibilität, der Unbill im Leben auszuweichen. Eiche-Menschen sind verlässliche Freunde, auf die man in jeder Situation zählen kann. Sie geben Halt und guten Rat, aber akzeptieren auch, wenn jemand seine eigenen Erfahrungen machen möchte.

Erlebe die Eiche

BEGEGNUNG MIT DER EICHENMUTTER

Suche in deiner näheren Umgebung nach einer älteren Eiche. Vielleicht kennst du ja einen Ort, an dem eine mindestens 100 Jahre alte Eiche steht. Alternativ kannst du nach einem Foto suchen und dir das Bild einprägen. Sorge entweder bei dir zu Hause für eine ungestörte Umgebung, oder gehe zu der Eiche in der freien Natur, die du gewählt hast. Im weiteren Verlauf des Rituals wird mit der physischen Begegnung gearbeitet – wenn du in einem Wohnraum bist, nutze deine mentale Vorstellungskraft.

In der Nähe der Eiche angekommen, halte zunächst mindestens so viel Abstand, wie die Eiche hoch ist. Betrachte ihre Form mit festem, klarem Blick, und präge sie dir ein. Du musst nicht reden oder denken. Sei geduldig, und warte. Die Kommunikation beginnt immer die Eiche, denn ihre Seele kennt den richtigen Zeitpunkt, dich anzusprechen. Mit all der Gelassenheit eines völlig in sich ruhenden Wesens, schaut sie direkt in dein Herz. Sie erkennt, wann du bereit bist. Dann fordert sie dich auf, näher zu treten, unter ihr Blätterdach zu kommen, über ihre Wurzeln zu steigen und mit vollem Bewusstsein deine Aura mit der ihren zu vermischen. Nimm nun den Kontakt auf. Stelle dich dafür an ihren Stamm, drücke dein drittes Auge in der Mitte deiner Stirn auf die Rinde, und umarme gleichzeitig mit beiden Armen die Eiche, so weit, wie du ihren Stamm umfassen kannst. Fühle eure Verbindung, und atme entspannt. Sobald du deine Bereitschaft fühlst, gleite mit deinem Bewusstsein in den Stamm der Eiche. Sanft sinkst du hinunter in eine Höhle zwischen ihrem Wurzelgeflecht. Du triffst hier und jetzt die Eichenmutter, das Wesen, das über das Wurzelwerk und das Erdreich mit allen Eichen in der näheren Umgebung physisch verbunden ist. Zusätzlich verbindet sie ihr ureigener Klang, ihre Energieschwingung, mit weiter entfernt stehenden Eichen. Sie nimmt auch den energetischen Ab-

druck aller Ahneneichen wahr – besonders derer, die Hunderte von Jahren die Geschehnisse in ihrem jeweiligen Einzugsgebiet gespeichert haben.
Die Eichenmutter ist das Wesen, in dessen Geist die Erinnerung an die Zeit lebendig ist, als die Eichen noch den kompletten nördlichen Kontinent in ausreichender Zahl bewaldeten, bevor die Holzwirtschaft die Bestände nicht mehr in deren natürlichem Rhythmus wachsen und gedeihen ließ. Sie ist eine Wissensdatenbank, die weder von Zeit noch von Raum begrenzt wird. Sie ist das Baumgedächtnis aller Eichen und aller mit ihnen verbundenen Bäume, besonders der alten Sorten, die auch in diesem Buch beschrieben werden. Die Eichenmutter zu befragen, liefert präzisere Ergebnisse als jede mündlich oder schriftlich überlieferte Erinnerung. Eine Fragestunde mit ihr ist daher ebenso gehaltreich wie wahrhaftig, ihre Antworten solltest du wohlüberlegt in deine weiteren Planungen einbeziehen.
Du bist sehr privilegiert, denn sie schätzt deine behutsame Annäherung und deinen respektvollen Umgang mit der Eiche, an der du dich aufhältst. Aus diesem Grund darfst du ihr einige wenige Fragen stellen. Wähle weise, und überlege, was dir wirklich wichtig ist. Betrachte ihre Art, die Welt über Jahrtausende zu erleben.
Nimm dir ca. zehn Minuten Zeit, die Antworten der Eichenmutter zu empfangen, und bringe ihre Ratschläge in den richtigen Kontext für dich. Du wirst merken, wenn die Zeit um ist, denn ihre Präsenz ist sehr mächtig. Sobald sie sich zurückzieht, bedanke dich von Herzen bei ihr, sammle dich, und kehre mental an die Oberfläche zurück. Nimm deine Umgebung wieder wahr, spüre den Windhauch, und bemerke, wie sich durch diesen Kontakt dein Rückgrat aufgerichtet und dein Sein gewandelt hat. Bringe von nun an nicht nur den Eichen den Respekt entgegen, der ihnen zusteht, sondern auch dir selbst.

Diese Baumgespräche helfen dir, deine Visionen zu kreieren und deine Gespräche mit der Geistigen Welt besser zu verstehen. Sie geben deinen Channelings, den empfangenen Botschaften aus den geistigen Reichen, die notwendige Bodenhaftung.

Was kann mich bei der Arbeit unterstützen?

Runen der Eiche

THURISAZ symbolisiert Kraft, Mut, Aufrichtung und eine unbändige, wilde Wuchsform wie bei der Stieleiche. Nutze diese Rune, wenn du mit der Eiche arbeiten und kommunizieren möchtest. Trage sie bei dir als Amulett, oder graviere sie auf einen Eichenholzast. Du kannst dich auch leiten lassen und mit dieser Rune deinen persönlichen Zauber-Runen-Eichenstab herstellen.

TIWAZ symbolisiert den Krieger, Eichenlaubsieger, Aufrichtung, Stolz und Unbeugsamkeit. Auch ein Blitz kann die Eiche nicht vernichten, sie trägt das »Spaltmal« des Blitzes wie eine Trophäe. Verwundet, aber nicht gebrochen – eine Eiche bringt stets zu Ende, was sie angefangen hat.

Mineralien der Eiche

Den **DIAMANTEN** verbindet man seit der Antike mit Begriffen wie »Unbesiegbarkeit«, »Mut«, »Stärke«, »Tugend und Tapferkeit«, »Unschuld«, »Reinheit« sowie »Pracht«.

Der **SCHUNGIT,** das schwarze Gestein, verfügt über besondere Schutzkräfte, die sich positiv auf die Gesundheit auswirken. Er regeneriert und stabilisiert sowohl Körper als auch Geist.

Ein **METEORIT** wirkt motivierend auf der geistigen und entgiftend auf der körperlichen Ebene.

Stechpalme

Mond der Blüte, Duft der Rosen

JUNI

»Geist der Stechpalme,
zeige mir, wie ich meine
Seele, meinen Körper und
meinen Geist versorge,
um mein Licht in die Welt
strahlen zu lassen.«

Wissenswertes zur Stechpalme

Jahreszeitliche Betrachtung – welche Zeit hütet die Stechpalme?

In unseren Breitengraden kennen wir die Stechpalme meist als stachelige, dunkelgrüne Pflanze, die in Weihnachtsgestecken vorkommt. Wegen ihrer leuchtend roten Beeren wird sie gern in der dunklen Jahreszeit ins Haus geholt, denn sie symbolisiert den Glauben daran, dass nach dem Winter die Lebendigkeit zurückkehrt. Im Winter trotzt sie allen Stürmen und Frösten mit ihren starken, festen Blättern und spitzen Dornen, und mit dem Neumond im Juni beginnt die wahre Zeit der Stechpalme. Dann, wenn die Natur drum herum zu blühen beginnt und die Fülle an Nahrung wieder zunimmt, reduziert die Stechpalme ihren Schutz und öffnet ihre Verhärtung. Ihre zarten weißen Blüten beginnen zu blühen, und sie kann sich entfalten. Wenn das Treiben um sie herum wieder laut und emsig wird, zieht sich die Stechpalme zurück und vermischt sich im Unterholz mit den Nachbargewächsen.

Biologische und physikalische Betrachtung der Stechpalme

Stechpalme, Ilex aquifolium

Die Stechpalme ist ein immergrüner, kleinwüchsiger Baum, der im Sommer weiche und im Winter harte Blätter mit spitzen Stacheln am Rand trägt. Der Kontakt mit diesen Stacheln erzeugt starke Schmerzen und hält so hungrige Tiere auf Abstand. Auf diese Weise schützt sich der Baum davor, im Winter gefressen zu werden.

Da sie ursprünglich aus Südeuropa stammt, musste sie sich den klimatischen Gegebenheiten Nordeuropas anpassen, indem sie ihre zarten und weichen Blätter hart werden lässt und so robust die Kälte des winterlichen Frostes abhält. In unseren Breiten wächst sie sehr langsam und wird daher selten so groß wie ein Baum. Bestehen allerdings über einen längeren Zeitraum günstige Bedingungen wie viel Freiraum und angenehm milde Temperaturen, kann sie bis zu zehn Meter hoch werden. Sie nimmt dabei nie viel Raum ein, denn ihre Äste wachsen nahe am Stamm, sie bleibt also gern »bei sich«. Der Baum kann ein Alter von bis zu 300 Jahren erreichen.

Die Stechpalme ist eine Meisterin des Überlebens. Der beste Beweis ist die Tatsache, dass sie in der freien Wildbahn, außerhalb des eigenen Gartens und der Aufzuchtstationen, sogar ganzjährig unter Naturschutz gestellt wurde. Für sie gibt es wenig Gefahren: Die rauen Stürme von Herbst bis Frühjahr machen ihr aufgrund ihres niedrigen Wuchses nichts aus, den Frost wehrt sie mit ihren kraftvollen Blättern ab, ihre Dornen schützen sie vor Wild, und dank ihrer verlockenden, aber giftigen roten Beeren wird sie nicht abgeerntet.

Überliefertes – Mythologie, Volksheilkunde, Handwerkliches, Magisches

In der heutigen Zeit führt die Stechpalme die meiste Zeit des Jahres über ein unauffälliges Dasein, da es viele Gewächse gibt, die sichtbarer und bekannter sind als sie. Unseren keltischen und germanischen Vorfahren jedoch war die Stechpalme sehr wichtig. Besonders zur Wintersonnenwende im Dezember schmückten sie die Häuser mit Stechpalmenzweigen, um Haus und Hof vor den dunklen Kräften zu beschützen. Das leuchtende Rot der Beeren regte die Kampfkraft an, und die Dornen erinnerten jederzeit an den eigenen Mut. Auch wenn es draußen stürmt und schneit, die Stechpalme ermahnt, auf die eigene Kraft zu vertrauen.

Die Stechpalme bietet Schutz vor …

- Verhexung und Schadenszauber,
- Blitz und Donner, dem Einfluss der Götter und Naturgewalten,
- der eigenen Dummheit, Verblendung und Überheblichkeit,
- der Verirrung in falschem Glauben und fremden Glaubenssätzen,
- dem Verlust von Bodenkontakt und Realitätssinn.

Die Magie der Stechpalme ist sehr präsent und gut wahrzunehmen. Um Schutz vor Unwetter zu schaffen, wurden Stechpalmenblätter getrocknet und verräuchert. Zünde eine weiße Kerze an, entzünde daran ein getrocknetes Blatt, und lasse es abbrennen. Noch heute werden in vielen Gegenden Stechpalmenzweige zum Schutz des Hauses und des Stalles angebracht. In der dunklen Jahreszeit, um die Wintersonnenwende herum, dienen Stechpalmenzweige dazu, Elfen und Zwerge anzulocken und sie einzuladen, im Haus zu überwintern. Der Schutz durch Elfen und Zwerge sowie durch die Stechpalme erhöht die Sicherheit bei Unwetter, Sturm und Blitzschlag. Brautpaaren wurden zur neuen Verbindung Stechpalmenzweige für Segen und Schutz geschenkt.

Der christlichen Überlieferung nach haben sich nach dem Verrat an Jesus die Palmzweige in Stechpalmenzweige verwandelt und so die Menschen auf ihren Irrtum aufmerksam gemacht. Doch niemand hatte den Mut, dies einzugestehen. Noch heute symbolisiert daher die Stechpalme die Dornenkrone Christi und gibt ihr den Namen Christbeere oder Christdorn.

Früher wurden aus dem Holz der Stechpalme Speerschäfte hergestellt, weil die Menschen die Sicherheit und den Schutz sofort spürten, sobald sie begannen, mit ihrem Holz zu arbeiten. Es ist hart, splittert nicht und liegt gut in der Hand. Aus diesem Grund wurden ebenso die Stiele von Werkzeugen aus dem Holz der Stechpalme gemacht.

Die Stechpalme ist seit jeher als Heilpflanze bekannt und wurde bereits vor 2000 Jahren von Plinius dem Älteren, einem römischen Gelehrten, Offizier und Verwaltungsbeamten, gegen Gelenkbeschwerden empfohlen. Auch als vorbeugendes Mittel gegen Grippe und als Bestandteil von Erkältungs- und Grippetees fanden die weichen Sommerblätter der Stechpalme Anwendung. Getrocknet oder frisch helfen sie, das Immunsystem zu kräftigen. Besonders bei Infekten der Atemwege oder Lungen- und Bronchialleiden wird ein Tee aus Stechpalmenblättern empfohlen, denn er wirkt schleimlösend und auswurffördernd. Vergrub man den Auswurf des Lungenkranken am Fuß der Stechpalme, verschwand die Krankheit. Wegen der enthaltenen Bitterstoffe ist ein Stechpalmentee allerdings gewöhnungsbedürftig im Geschmack. Diese Bitterstoffe haben jedoch eine harntreibende Wirkung und fördern die Ausscheidung von Giftstoffen aus dem Körper. Daher wird die Stechpalme in langer Tradition zur Ausleitung bei Gicht, Arthritis und Rheuma eingesetzt.

Das Wesen der Stechpalme – die Stechpalme als Lehrerin

Die spitzen Dornen und die roten Beeren sowie ihre übersprudelnde Vitalität zeigen deutlich das feurige Element der Stechpalme. Es bringt Prozesse in Gang und unterstützt die Entwicklung. Sie ist direkt und klar in ihrem Ausdruck und

zeigt, dass sie durchaus konfliktfähig ist – um den heißen Brei herumreden mag sie nicht. Ihre ganze Gestalt strahlt Abwehr- und Verteidigungsfähigkeit aus, ohne jedoch in die Offensive zu gehen. Sie ist nicht angriffslustig, aber sie weiß mittels ihrer Dornen den richtigen Abstand einzuhalten. Dummheit und Grobschlächtigkeit mag sie nicht und zeigt gleich ihre »Krallen«, hält durch ihre Dornen unhöfliche, wenig feinfühlige und rücksichtslose Menschen auf Abstand. Auch wenn sie keine philosophische Ader hat, legt sie Wert auf Stil und erwartet einen Feinsinn. Sie kann gut mit sich selbst allein sein, und wenn sie sich öffnet, dann mit Freude und aus Überzeugung.

Gleichzeitig ist die Stechpalme mit dem Element Luft verbunden. Ihr Geist erkennt blitzschnell die Zusammenhänge und kann die Puzzleteile deiner Struktur zusammenfügen. Ihre Kommunikationsfähigkeit und -taktik ist außergewöhnlich. Du solltest allerdings darauf gefasst sein, in einen Spiegel zu schauen, der das Innere deiner Seele offenbart. Das eigene Ego und die negativen Gedankenkräfte werden während der Kommunikation aufgedeckt. Denn nicht nur die Liebe im Herzen kann freigelegt werden, sondern auch der Mangel an Liebe und dadurch das Vorhandensein von Emotionen wie Angst, Neid, Missgunst, Eifersucht sowie Unsicherheit, Manipulation und Machthunger. Auch die vergrabene Sehnsucht nach Anerkennung kommt ins Bewusstsein. Manchmal kann sich das anfühlen, als wolle dich der Schmerz wegspülen.

Die Stechpalme hilft dir, aufzuräumen. Sie gibt dir den Schutz und die Klarheit, das zu sehen, was verändert werden kann, damit das Licht in deinem Herzen wieder leuchtet. Die Arbeit mit der Stechpalme ist nicht einfach. Du bekommst aber auch viel, wenn du bereit bist, den Schmerz zuzulassen,

damit er sich auflösen kann. Irrglaube und falsche Glaubenssätze bringen dich weg von dir selbst – die Kommunikation mit der Stechpalme lässt dich dies erkennen. Mit ihrem männlichen Aspekt symbolisiert sie die väterliche Kraft, den starken Arm, der dich stützt und schützt, während du dich auf den Weg der Wandlung machst, um die Liebe für dich selbst und alles, was ist, zurückzugewinnen.
Ursprünglich ist die Energie der Stechpalme männlich. In ihrer Entwicklung hat sie gelernt, sich zwischen »Hier stehe ich, hier ist mein Reich« und »Wenn keine Gefahr besteht, gebe ich nach« auszubalancieren. Sie hat also beide Seiten in sich vereint und greift, angepasst an die jeweilige Situation, darauf zu.
Die Kraft der Stechpalme bringt dich zurück zu dir selbst, hebt alle Schleier der Verworrenheit und lässt dich deine Bedürfnisse klar erkennen, damit du sie im Umgang mit dir selbst berücksichtigen kannst. Selbst in der Blütentherapie nach Dr. Edward Bach fand die Stechpalme unter dem englischen Namen »Holly« ihren Platz. Diese Blütenessenz unterstützt dich bei der Auflösung von Ärger, Zorn, Hass, Neid, Eifersucht und Ich-Bezogenheit. Sie hilft dir dabei, diese negativen Gefühle in Liebe, Verständnis und Verbundenheit mit anderen Menschen zu verwandeln. So, wie die harte Stechpalme aus der Kälte der dunklen Zeit des Winters in die Wärme der hellen Jahreszeit schreitet und dabei das Starre zu Weichem und Zärtlichem werden lässt, so unterstützt und begleitet dich die »Holly«- Essenz auf deinem Weg der Veränderung.

Wie nutze ich die Persönlichkeit der Stechpalme für mich?

Die Stechpalme wächst immer an Orten, die viel Energie in sich bergen. Sie gesellt sich gern zu anderen, ebenfalls Kraft spendenden Gewächsen. Findest du einen Platz mit auffällig vielen Stechpalmenpflanzen, so sei dir gewiss, dass dieser Platz über eine starke magische und aufbauende Kraft verfügt. Unsere keltischen und germanischen Vorfahren nutzten diese Wälder für ihre Zusammenkünfte.
Steckst du tief in Traurigkeit oder Hoffnungslosigkeit fest, entwickelt sich daraus langfristig eine zynische, verachtende Wesensart. Die Angst, von etwas verletzt zu werden, und die Unfähigkeit, dich zu öffnen, verschließt das Herz. Jeder, der dir näherkommen möchte, muss erst an deinen

Dornen vorbei. Und die harten Blätter, sinnbildlich deine Haut, sind wenig anschmiegsam. Der Strudel der Negativität wird immer kraftvoller und zieht dich tiefer in die Einsamkeit oder sogar in die Verzweiflung. Du siehst überwiegend Ungerechtes und Schweres. Leichtigkeit, Fröhlichkeit und Liebe sind weit entfernt und weggeschlossen in der tiefen Kammer deines Herzens, damit du nicht mehr hinschauen musst. Diese Verbitterung kann die Stechpalme aushalten. Sie ist in der Lage, dich aus dieser Verstrickung herauszuholen. Keine Sorge: Sie weiß, wie sie dich auf Abstand hält, um selbst heil zu bleiben und dir trotzdem nahezukommen, um dir zur Seite zu stehen.
Die Stechpalme ist ein Baum der Aufrichtigkeit. Sie ist ehrlich, gradlinig und verlässlich. Durch ihre lange Lebensdauer hütet sie viele Erinnerungen und kann dir das Tor zu deinen Ahnen öffnen. Die Stechpalme lässt dich durch ihre Klarheit die Zusammenhänge deiner Ahnenlinie begreifen, sodass du erkennst, welche Kräfte deiner Vorfahren dir den Rücken stärken und dich unterstützen.

Als Mensch mit dem Wesen der Stechpalme bist du geeignet, Menschen zu öffnen, deren Wesen bereits sehr verschlossen und abwehrend wirkt. Du eignest dich als Begleiter bei der Auflösung von Traumatisierungen. Gleichzeitig ist es wichtig, deine eigenen Grenzen zu beachten. Lerne, deinen Energieraum zu halten und gleichzeitig für zwischenmenschliche Kontakte bereit zu sein. Stechpalme-Menschen haben häufig ein dienendes und doch kratzbürstiges Wesen, das den Kontakt für empfindliche Menschen schwer macht.

Erlebe die Stechpalme

Dieser Kontakt dauert möglicherweise Tage oder sogar Wochen. In dieser Zeit wird dich die Stechpalme zu deiner Transformation anleiten.
Die Stechpalme steht in direkter Verbindung zur Runenkraft der TIWAZ. Diese beiden kraftvollen Energien vereinen sich jetzt für dich. Du wirst dir deinen eigenen Pfeil herstellen, der dein Ziel markieren wird. Wohin wird dein Pfeil fliegen und somit dein Ziel markieren? Welchem Weg wirst du folgen? Wie kannst du deine negativen in positive Seiten wandeln und deine hinderlichen Programmierungen auflösen? Der Pfeil aus Stechpalmenholz wird dich stärken und auf den richtigen Weg lenken.

EINEN ZIELPFEIL HERSTELLEN

Finde im Vorfeld einen Stechpalmenast von mindestens 50 Zentimetern Länge und einem Durchmesser von ungefähr drei Zentimetern. Möglicherweise dauert es einige Zeit, einen Ast in dieser Länge und Dicke als Bruchholz zu finden, denn die Stechpalme ist so hart, dass sie selten bricht. Doch für das, was du von ihr lernen kannst, ist es wichtig, einen Ast zu haben. Bitte deshalb den Geist der Stechpalme um Unterstützung beim Finden des passenden Astes. Manchmal wirst du warten und mehrmals zu ihr hingehen müssen, oder du machst einen Spirit Walk. Bitte den Geist der Stechpalme, dich zu rufen und deine Schritte zu lenken, sodass dein Weg dich zu deinem Ast führen wird. Sobald du den Ast gefunden hast, bedanke dich aus vollem Herzen bei dem Platz und der Pflanze für dieses besondere Geschenk.

Reinige zuerst diesen Ast mit einer Räuchermischung, die für dich eine besondere Bedeutung hat. Sei mit deinem vollen Bewusstsein bei der Räucherzeremonie. Räuchere auch deinen gesamten Körper und dein Energiefeld. Knüpfe auf diese Weise ein energetisches Band zwischen dir und dem Ast. Entferne alle Zweige sowie die Rinde, und glätte den Stammansatz. Lasse anschließend den Ast trocknen – das kann einige Zeit brauchen. Sei geduldig. Alles, was geschieht, begleitet deine Veränderung. Dass der Ast gut durchgetrocknet ist, erkennst du daran, dass du ihn leicht glattschmirgeln kannst. Ein Stechpalmenast ist von Natur aus schon sehr glatt, du brauchst also wahrscheinlich nur sehr feines Schmirgelpapier. Den letzten Schliff erreichst du mit einem rauen Stück Stoff, du kannst ihn damit fast schon polieren. Forme mit einem Schnitz- oder Taschenmesser an einer Seite eine Spitze.

Zeichne nun die Rune TIWAZ auf deinen Pfeil, um ihre Kraft auf ihn zu übertragen. Du kannst sie auch mit einem Brenngerät einbrennen oder hineinschnitzen. Ritze nun am unteren Ende drei Ringe im Abstand von jeweils fünf Millimetern ein, und färbe sie mit roter Farbe. Sie stehen stellvertretend für Vergangenheit, Gegenwart und Zukunft.

Nimm zum Abschluss ein gutes Öl oder flüssiges Wachs, und poliere deinen Pfeil damit, bis er sich für dich gut anfühlt. Sprich beim Streichen über deinen Pfeil immer wieder die Worte:

»Mögest du mich weisen, mögest du mich lenken, möge ich dir folgen und meinen Weg erkennen«.

Nimm ab jetzt bei jeder spirituellen Arbeit diesen Pfeil mit hinzu. Bitte den Geist der Stechpalme und die Runenkraft TIWAZ hinzu. Verwahre den Pfeil in der Zwischenzeit an einem für dich besonderen Platz. Wenn du Zweifel hast hinsichtlich deiner Entscheidungen, dann nimm ihn in die Hand, führe ihn zu deinem Herzen, und bitte um die Eingebung, die du brauchst.

Was kann mich bei der Arbeit unterstützen?

Rune der Stechpalme

TIWAZ präsentiert den göttlichen Willen in Aktion, den Pfeil, der seinem Ziel entgegenfliegt, und lässt dich bei der Arbeit mit der Stechpalme aufgerichtet deiner Veränderung zustimmen. Häufig auch »die Kriegerrune« genannt, ist **TIWAZ** Kraftstab und Stütze bei deiner Wandlung. Lässt du dich auf die Kommunikation mit der Stechpalme ein, so wird dir ein enormer Entwicklungsschritt möglich. Die Heilung blockierter Gefühle und die Auflösung von Begrenzungen lassen dich zu einem aufgerichteten Menschen werden und ganz zu dir selbst zurückkehren. So, wie du es für dieses Leben geplant hattest – der aufrechte Mensch in seiner eigenen Kraft.

Mineral der Stechpalme

Die **KORALLE** steht sinnbildlich für die Lebenskraft in der Stechpalme. Sie leuchtet rot, der Farbe der Lebensfreude und Lebendigkeit. Immer, wenn du Mut brauchst, nutze die Koralle. Vielleicht möchtest du sie sogar an deinen Pfeil binden.

Hasel

Mond des Blitzes

JULI

»Geist der Hasel, hilf mir, ich selbst zu sein, stets aufrichtig zu bleiben und zu mir zu stehen. Möge durch deine Inspiration mein Wirken in den Ritualen magisch sein«.

Wissenswertes zur Hasel

Jahreszeitliche Betrachtung – welche Zeit hütet die Hasel?

Die Zeit der Hasel beginnt mit dem Neumond im Juli. Überlieferungen und Funde zeigen, dass sie bereits seit 8000 Jahren existiert und somit seit einer langen Zeit eine gute Nahrungsquelle für unsere Vorfahren ist. Haselsträucher sind in Bezug auf die Bodenbeschaffenheit und ihre Umgebung sehr genügsam, sie gedeihen fast überall. Problemlos vermehren sie sich von selbst oder lassen sich von Eichhörnchen unterstützen. Diese sammeln im Herbst die Haselnüsse und vergraben sie als Wintervorrat. Die Eichhörnchen sind so fleißig, dass sie häufig mehr vergraben, als sie benötigen, und so vergessen sie ihren Vorrat, was zur Folge hat, dass die Haselnüsse im nächsten Frühjahr austreiben.

Die Hasel gehört zu den ersten Bäumen, die im Jahr aus dem Winterschlaf erwachen. Vom Frühjahr bis tief in den Winter hinein steht sie der Tierwelt als Nahrungsquelle zur Verfügung. Übertragen zeigt die Hasel, dass sie den Weg frei macht. Als Pionierpflanze lockert sie mit ihren Wurzeln den Boden auf, um die Fruchtbarkeit zu ermöglichen.

Biologische und physikalische Betrachtung der Hasel

Gemeine Hasel, Corylus avellana

Die Hasel ist kein Baum der Extreme, mag weder zu viel Trockenheit noch zu viel Feuchtigkeit. Sie schätzt die Gemeinschaft und tritt deshalb häufig in Gruppen auf, meist aus einem gemeinsamen Eichhörnchenvorrat entstanden. Im Grunde ist sie gar kein Baum, sondern ein sehr groß gewordener Busch. Lässt man sie wachsen, kann sie mit ausreichend Wasser schnell eine Höhe von zwölf Metern erreichen.

Schon früh, in milden Wintern manchmal bereits Ende Januar oder Anfang Februar, lässt die Hasel die gelben Pollen ihrer bis zu acht Zentimeter langen, hängenden, männlichen Kätzchen sich dem Wind hingeben und so verteilen. Die roten Blüten, die unscheinbar wie kleine Perlen direkt an den Ästen kleben, werden häufig übersehen. Sie sind allerdings sehr wichtig, denn aus ihnen entstehen die Haselnüsse. Männliche und weibliche Blüten wachsen an derselben Pflanze und sind zur gleichen Zeit reif für die Bestäubung. Mit der Unterstützung des Windes werden die Pollen der männlichen Blüten direkt auf die weiblichen übertragen, so braucht die Hasel für die Vermehrung keinen zweiten Baum in ihrem Umfeld.
Die Hasel selbst ist eher unscheinbar, und sind erst einmal ihre Kätzchen verblüht, fällt sie unter den vielen anderen Bäumen und Büschen kaum auf. Steht sie jedoch ein wenig freier, wächst sie in die Höhe und Breite.

Überliefertes – Mythologie, Volksheilkunde, Handwerkliches, Magisches

Weil die Hasel häufig in feuchten Gebieten wächst und sich dort auch gut vermehrt, wurde sie von unseren Vorfahren mit dem Wasser in Verbindung gebracht. Die Germanen weihten sie aufgrund ihrer Donnerkraft dem Gott Thor. Die Hasel sollte das Volk vor Gewitter schützen und mit ihren wässrigen Anteilen die Feuerkraft der Blitze ausgleichen. Da im Juli häufig Wärmegewitter auftreten, wird die Hasel diesem Monat zugeordnet. Kam überraschend ein Gewitter, befestigten unsere Vorfahren einen Haselstecken an ihrem Hut oder banden sich einen dünnen Ast um den Kopf. Um das Gewitter vom Haus fernzuhalten, warfen sie sieben Haselkätzchen ins Feuer in dem Glauben, dass der aufsteigende Rauch mit der Kraft der Hasel das Unwetter vertrieb.
Für die Römer war die Hasel ein Symbol des Friedens. Oft wird sie mit dem Merkurstab in Verbindung gebracht und mit zwei sich umwindenden Schlangen dargestellt. Auch hier finden wir wieder die Symbolik der Flüssigkeiten: im Fluss sein. Die zwei Schlangen sind ein Zeichen für Balance.
Auch in der Mythologie der Kelten war die Hasel ein wichtiger Baum. Sie schrieben ihr Weisheit zu, denn von Generation zu Generation hat der Baum alles in seiner Umge-

bung beobachtet und dieses Wissen in sich gespeichert.
Hasel ist das Holz für Wünschelruten. Traditionell werden die gegabelten Äste an einem Schwendtag* geschnitten. Grundsätzlich empfiehlt es sich, alle Stecken an einem dieser Tage zu schneiden, denn ihre Magie fördert die natürlichen Eigenschaften der verschiedenen Hölzer und eine lange Biegsamkeit und Elastizität. Nicht nur Wasseradern kann man mit Wünschelruten aus Haselholz aufspüren, auch verborgene Schätze, Metalle und Erze sowie verirrtes Vieh werden von ihnen angezeigt.
Die aus verbrannten Haselästen entstandene Holzkohle nutzte man lange Zeit als Stifte für die Malerei. Die in der Kohle immer noch wirkenden magischen Kräfte übertragen sich auf Zeichnungen, die für Rituale angefertigt werden.

Haselholz ist sehr weich und lässt sich gut schnitzen. Diese physische Eigenschaft und ihre magische Schwingung machen es hervorragend geeignet für die Herstellung magischer Stäbe, an die damals wie heute oft besondere Zeichen angebracht werden. Als Baum des Wissens bietet sich das Holz z. B. der Hasel für die Herstellung von Runen an. Die Hasel bildet keine Borke, und die weiche Rinde lässt sich ohne besonderes Werkzeug leicht streifenweise abziehen. Darunter wird eine feine, samtige Oberfläche aus hellem Holz sichtbar. Die Äste lassen sich einfach und glatt schneiden, sodass die Rune ohne großen Kraftaufwand in das Holz eingeritzt oder -gebrannt werden kann.
Die Arbeit mit Haselholz fördert die Sinnlichkeit und Wahrnehmung.
Da die Hasel aufrecht wächst, haben die Äste nur selten Windungen und auch nach mehreren Metern noch einen gleichmäßigen Durchmesser. Diese Eigenschaft macht sie zu einer begehrten Pflanze für die Herstellung von allem, was geflochten werden soll, wie Körben und Zäunen.
In früheren Zeiten wurden aufgrund der geraden Wuchsform und der einfachen Herstellung die Zeigestöcke der Schullehrer aus Haselholz gefertigt. Da auch der innere Wuchs eines Haselastes gradlinig verläuft, eignet er sich zudem besonders, um daraus einen Zauberstab zu fertigen. Dieser wird die Energie immer genau dorthin lenken, wohin sie gesendet werden soll.

* Schwendtage sind gemäß Überlieferung »tote« Tage, an denen nichts Neues begonnen werden soll. Alles, was Bestand haben soll, wie Verträge oder Ehen steht auf instabilem Boden. Doch alles, was mit Übergängen und Zwischenebenen zu tun hat, wird besonders unterstützt. Dazu gehört auch das Schneiden von magischen Wünschelruten.

Die Hasel hat eine lange Tradition als Heilpflanze, jedoch wurde ihre Anwendung immer mehr verdrängt und geriet dadurch in Vergessenheit. Traditionell wurden die Nüsse, Blätter und Kätzchen sowie die junge Rinde noch frischer Äste verarbeitet. Aus Haselnuss hergestellte Präparate wirken u. a. gegen Hustenreiz. In den letzten Jahrzehnten scheint sich diese Wirkung jedoch bei einigen Menschen ins Gegenteil zu kehren: Es treten immer häufiger Allergien gegen Teile der Hasel auf, die Abwehrreaktionen der Atemwege erzeugen. Bei manchen Menschen sind es die Pollen, die die Atemwege reizen, bei anderen sogar der Verzehr der Haselnüsse.

Impotenz und Unfruchtbarkeit beim Mann wurde früher mit einer Kombination aus Mauerpfeffer, Pfeffer, Ackerwinde und Hasel entgegengewirkt. Hildegard von Bingen bezeichnete die Hasel als potenzfördernd. Neben den nordischen Göttern ist die Hasel ebenfalls der weißen Göttin der Wollust, der sexuellen Ekstase und der Fruchtbarkeit geweiht. In manchen Gegenden sagt man selbst heute noch »in die Haseln gehen«, wenn man sich heimlich mit der geliebten Person trifft. Früher hängten sich kinderlose Paare einen Ast der Hasel über das Bett und hofften auf die gewünschte Fruchtbarkeit. In der Volksheilkunde findet man hierfür noch heute überlieferte Rezepte.

Flüssige Abläufe im Körper wie Blutkreislauf und Nierenfunktion sowie Probleme wie Krampfadern werden durch die Schwingung der Hasel harmonisiert. Zudem hat sie einen positiven Einfluss auf den Stoffwechsel, wiewohl die Wirkstoffe den Magen auch reizen. Außerdem helfen Haselnüsse, das Gedächtnis fit zu halten und mangelnder Konzentration vorzubeugen. Heute wissen wir dank langer Forschung um die Wirkung der essenziellen Fettsäuren auf das Gedächtnis, und diese sind ausreichend in Haselnüssen vorhanden. Sie werden daher dem »Brainfood« zugerechnet: Nahrungsmitteln, die besonders die Gehirnleistung fördern. Auch werden geröstete Haselnüsse heute zu vielerlei Nahrungsmittel weiterverarbeitet, z. B. Haselnussmilch, Haselnusspesto und Haselnusslikör.

Das Wesen der Hasel – die Hasel als Lehrerin

So aufrecht wie ihr Wuchs, so aufrichtig ist ihr Wesen: Die Hasel verstellt sich nicht, sie kokettiert nicht. Sie wächst schnell, und kaum sind alle Nüsse von ihren Ästen gefallen, beginnt sie bereits damit, neue Kätzchen zu produzieren. Sie lässt sich kaum Zeit für Ruhe, Müßiggang liegt ihr nicht. Die Hasel ist lebendig und steht mitten im Leben.

»Carpe diem – nutze den Augenblick«, könnte das Motto der Hasel sein. So bald wie möglich beginnt sie, am Leben teilzunehmen. Unter allen Bäumen trägt sie am längsten Früchte und Laub. Wachsen, entdecken und ihr Wissen erweitern bereiten ihr Freude. Doch sie wirkt eher im Hintergrund – meist fällt sie zwischen den groß gewachsenen und erhabenen Bäumen nicht auf. Die Hasel ist dezent, keine laut tönende Gesellin. Auch wenn sie gern lehrt und aufklärt, ist sie doch zurückhaltend und beobachtend. Sie drängt sich nicht auf, den Kontakt zu ihr muss man suchen. Doch einmal gefunden, wirkt diese Begegnung wie ein Quell jugendlicher Leichtigkeit. Durch ihre Fröhlichkeit und Lebendigkeit wird die Hasel oftmals als oberflächlich und verspielt eingeschätzt, doch das ist ihre Tarnung: So hat sie mehr Zeit für die wirklich tiefgründigen Angelegenheiten.

Wer sich die Mühe macht, eine Hasel wahrzunehmen, wird ihre Tiefe und Ausgeglichenheit erkennen. Sie beruhigt, zentriert und wirkt reinigend und klärend auf Körper, Geist und Seele. Wer sich der Kraft und Führung der Hasel öffnet, dem wird sie helfen, die eigene Wahrnehmung zu schulen, den Horizont über das Offensichtliche hinaus zu erweitern und mit den anderen Sinnen zu »begreifen«. Die Hasel braucht nicht viele Worte, das reine Zusammensein mit ihr fördert deine Intuition. Sie unterstützt dein Drittes Auge dabei, sich zu öffnen, und bringt dir das Vertrauen und den Mut, dir bislang unbewusste Fähigkeiten an die Oberfläche zu holen. Findet ihr vertrauensvoll zusammen, lernst du durch die Hasel, wie du mit Leichtigkeit neue Erkenntnisse ins Leben bringst. Sie ist ein guter Trainer und Mediator – mit Humor und Lebensfreude.

Wie nutze ich die Persönlichkeit der Hasel für mich?

Die Überlieferung beschreibt die Hasel als Tor zur Anderswelt. Durch ihre hütende Art schenkt sie vielen mystischen Wesen wie Feen und Elfen, aber auch Geistern und Ahnen eine Heimstatt. In ihren jungen Trieben zu ihren Füßen wuselt es oft von Naturwesen, die ihre herzerfrischende Magie lieben. Schläfst du unter einer Hasel, schenkt diese dir intensive und klar zu deutende Träume. Häufig erhältst du dann auch Kontakt zu wohlgesonnenen Geistwesen, die Ausblicke auf die Zukunft ermöglichen.

Durch ihre Fürsorge und Solidarität mit ehrlichen und aufrichtigen Geschöpfen erhältst du von ihr stets guten Rat, sobald du dich mit ihr verbündest. Besuche sie regelmäßig, nicht nur, wenn du Probleme besprechen möchtest. Erzähle ihr, was dich beschäftigt, was du getan hast seit eurem letzten Treffen, worüber du grübelst oder welche Erfolge du erlebt hast. Die Hasel will an deiner Entwicklung teilhaben, dich leiten und unterrichten und sehen, was du daraus machst. Dies fußt in ihrer unendlichen Hilfsbereitschaft und ihrem Verantwortungsbewusstsein. Sie ist auf allen Ebenen eine Lehrerin. Sei jedoch achtsam mit dir und ihr. Manchmal lässt sie sich überfordern und vergisst, dass auch sie Zeit braucht, um sich wieder mit sich selbst zu verbinden. Sei bereit, ihr einen Ausgleich für ihre Begleitung zu geben. Reinige den Platz um sie herum von möglichem Unrat, singe für sie oder tanze. Zeige ihr deine Wertschätzung! Denn fühlt sie sich ausgenutzt oder stimmt ihrem Gefühl nach der Ausgleich nicht, dann

zieht sie sich für eine Weile in ihre eigene Mitte zurück, bis sie dann wieder bereit ist, dich zu begleiten.
Findest du im Herbst Haselnüsse in der freien Natur, so sammle ein paar davon für dich und deine Schutzmagie. Nimm von jedem Strauch nur wenige Nüsse, teile immer mit den anderen Bewohnern der Region. Nimm nie etwas ohne einen Energieausgleich. Gib etwas von dir zurück, und verschenke es aus Dankbarkeit mit Liebe im Herzen.
Die Hasel ist traditionell für ihre magischen Fähigkeiten und Schwingungen bekannt. Schutz, Fruchtbarkeit, Kraft und Orakeln sind ihre Wirkungsfelder. Trage einen magischen Beutel mit ein paar Haselnüssen bei dir. Diese gewähren dir überall Schutz gegen energetische Negativeinflüsse. Du kannst diese Haselnüsse auch mit in deine Witch-Bottle[**] geben, sie werden den Schutz verstärken.
Klein geschnittenes Haselholz und getrocknete Rinde fördern als Räucherstoffe die Hellsichtigkeit, was du mit der Beigabe von Weihrauch und Lorbeer unterstützen kannst. Wenn du diese Möglichkeit vor dem Orakeln nutzt, wird dein Blick klar, und du kannst die Übergänge in die andere Sphäre leichter vollziehen. Auch für die Kommunikation mit den Naturwesen und lichten Welten werden deine Sinne durch das Verräuchern von Haselholz geöffnet.

Als mit der Hasel vertrauter Mensch fällt dir selbst oberflächliche Kommunikation leicht. Du kannst Menschen gut miteinander in Kontakt bringen. Empfindest du es als wichtig, dann bist du bereit, dich einer Situation anzupassen oder dich sogar dafür zu verbiegen. Für dich ist es elementar wichtig, dass diese Veränderung sinnvoll ist und dem Ganzen dient. Der Sache zu dienen, ist für Hasel-Menschen Motivation genug, sich selbst hintanzustellen. Allerdings sind Hasel-Menschen leicht zu beeinflussen und zu gutgläubig in Bezug auf die Motive anderer Beteiligter. Sie sehen stets das Gute in den Menschen und lassen sich davon täuschen.

** Witch-Bottles sind mit besonderem Inhalt gefüllte kleine Flaschen oder Gläser, die magisch aufgeladen und zum Schutz von Heim und Hof vor der Haustür eingegraben werden. Was in diese Behälter gegeben wird, bestimmt die herstellende Person selbst. Auf jeden Fall werden Gegenstände und Flüssigkeiten hinzugegeben, die gegen Wesen wirken, die sich mit böser Absicht dem Heim oder Hof und seinen Bewohnern nähern. Jede magisch arbeitende Person hat ihre eigenen Rezepte und ihre Vorgehensweise.

Erlebe die Hasel

EINEN HASELALTAR ERRICHTEN

Für die Verbindung zur Hasel kannst du dir eine »magische Ecke« einrichten. Sie muss nicht aufwendig hergerichtet werden, um maximale Kraft zu entwickeln. Sammle Haselnüsse, und finde einen passenden kleinen Ast als Stellvertreter für die Hasel. Du kannst ihn dir auch ähnlich einem Mistelzweig an deinen Lieblingsplatz hängen, sodass du dich immer wieder daruntersetzen kannst und sofort mit dem Schutz, dem Wissen und der Anbindung an die Kraft der Hasel verbunden bist. Möchtest du diesen Platz nutzen, um dich und dein Sein zu schützen, so lege alles auf ein blutrotes Tuch. Brauchst du Klarheit, nutze ein mittelblaues Tuch, für Wachstum und Entwicklung ein grünes Tuch. Sei frei in der Wahl deiner Zutaten. Gib auf jeden Fall als eine der wichtigsten Zutaten drei oder fünf Haselnüsse mit Schale auf das Tuch. Hast du fünf Nüsse, lege sie wie einen Stern zusammen, mit den Spitzen nach außen zeigend.

Für die nächste Handlung benötigst du einen kurzen Ast von deiner Hasel. Bitte sie darum. Liegt er bereits in ihrer Nähe, so kannst du ihn mitnehmen. Wenn nicht, komme am nächsten Tag wieder, und frage erneut. Bekommst du ein deutliches Ja, schneide einen kurzen Ast ab. Wenn nicht, ist es nicht, was du tun solltest, oder es gibt einen geeigneteren Zeitpunkt.

Hast du einen Ast gefunden, säge davon ein paar Stücke ab, und versehe sie mit kraftvollen Zeichen. Ritze diese in die Rinde, oder entferne die Rinde, und ritze die Zeichen in das Holz. Die Rune KENAZ, die die beleuchtende Energie symbolisiert, sollte auch präsent sein. Du kannst sie in eines dieser Holzstücke ritzen, mit einem roten Stift auf Papier oder Pappe zeichnen oder direkt auf das Tuch malen. Mache dir bewusst, dass du dir damit einen besonders magisch aufgeladenen Rückzugsort erschaffen hast, an dem du jederzeit mit dem Geist der Hasel kommunizieren kannst. Diese Schwingung unterstützt dich auch beim Orakeln.

Für den Schutz unterwegs besorge dir einen ebenfalls roten Baumwollbeutel oder ein quadratisches Stück roten Stoff. Gib drei Haselnüsse mitsamt der Schale hinein. Atme tief ein und aus, besinne dich deiner Kraft und darauf, dass die Schutzmagie der Hasel ab jetzt mit dir verbunden ist. Blase nun dreimal auf die drei Haselnüsse. Verschließe den Beutel oder das Stück Stoff mit einem Faden, und trage diesen kleinen Beutel immer bei dir.

Was kann mich bei der Arbeit unterstützen?

Rune der Hasel

KENAZ symbolisiert Flammen, Feuer und eine klare Sicht auf das, was zu tun ist. Sie ist verbunden mit der Feuerkraft der Hasel. Die Rune unterstützt die Wandlung negativer Einflüsse in positive und fördert die sexuelle Energie. Mit ihrer Leuchtkraft eines Lasers zeigt die **KENAZ**-Rune den Weg zur Lösung. Sie macht den Verstand klar und lässt dich wissen, was richtig ist. Diese Klarheit im Geist korrespondiert direkt mit der klaren Struktur der Hasel.

Mineral der Hasel

Die Leichtigkeit, Vitalität und Ausgeglichenheit des **BLUTJASPIS** (Heliotrop) findest du ebenfalls im Wesen der Hasel. Dieser Stein fördert deine aktive Teilnahme am Leben. Er aktiviert das Herzchakra und lässt dadurch die Lebensfreude fließen. Lege ihn während der Meditation auf dein Herzchakra, und erfahre, wie sich der Strom der Lebenslust und Vitalität in deinem Körper und damit deinem Energiesystem ausbreitet.

Apfelbaum

Mond der Ernte

AUGUST

»Geist des Apfelbaumes,
leite mich, sodass mein
Tun von der höchsten
Liebe erfüllt ist.«

Wissenswertes zum Apfelbaum

Jahreszeitliche Betrachtung – welche Zeit hütet der Apfelbaum?

Es ist Erntezeit, und die Früchte der Arbeit des Jahres werden eingefahren. Diese besondere Zeit wird von dem Wesen des Apfelbaumes getragen. Auch wenn einige der Apfelbaumgesellen nicht so hoch wachsen, sind sie doch mit einer kraftvollen Ausstrahlung präsent. Die roten Äpfel sind nicht zu übersehen, und die Fruchtbarkeit des Apfelbaumes lockt – auch mit seinen grünen Sorten. Damit die Ernte reich ausfällt, zeigt sich der Apfelbaum im April/Mai mit vielen rosa-weißen Blüten. Diese Blütenpracht lenkt den Blick auf sich, sodass die jungen, zarten Blätter kaum auffallen. Spätestens jetzt hat der Frühling Einzug gehalten, und der Winter ist überstanden.

Biologische und physikalische Betrachtung des Apfelbaumes

Apfelbaum, Malus domestica

Äpfel sind auch bei Tieren als Nahrung so beliebt, dass ihre Wildform, der Holzapfel, zu seinem Schutz sogar Dornen trägt. Bizarr wirkt dabei, dass er gleichzeitig mit seinem angenehmen Duft auf sich aufmerksam macht. Ist der Apfel reif für den Verzehr, fällt er auf den Boden, und die Tiere werden von seinem intensiven Duft angelockt. Durch die Ausscheidung der Apfelkerne helfen diese dann bei der Verbreitung und der Aussaat. Es gibt mehr als 1000 verschiedene kultivierte Züchtungen von Apfelbäumen, wobei jede Sorte eine besondere Nuance im Geschmack hervorbringt. Sicherlich kann man diese große Anzahl in ähnliche Gruppen zusammenfassen, doch die Besonderheiten bleiben deutlich zu schmecken. Apfelbäume sind eine vielfältig ausgeprägte Baumart mit unscheinbarem Wuchs. »Klein, aber oho«, trifft bei ihnen auf jeden Fall zu, denn sie werden meist höchstens zehn Meter hoch. Sie bilden eine dichte Krone mit vielen verzweigten Ästen, die auch gebraucht werden, um die vielen Äpfel zu tragen. In besonders fruchtbaren Jahren sind diese teilweise so schwer behangen, dass sie sich Richtung Erdboden beugen. Das Apfelbaumholz ist sehr biegsam, was den Baum vor Astbruch schützt. Sind die Äpfel abgeerntet oder heruntergefallen, richten sich die Äste wieder in ihre ursprüngliche Position auf.

Überliefertes – Mythologie, Volksheilkunde, Handwerkliches, Magisches

Dem Apfelbaum wird schon seit jeher nachgesagt, magisch zu sein. Viele Geschichten ranken sich um Verführung, Liebreiz und die Süße des Lebens. Im Märchen kommt immer wieder der Apfel vor, wenn es um magische Handlungen geht. Als Beispiel sei der vergiftete Apfel aus dem Märchen von Schneewittchen genannt. Erst die Liebe des Prinzen und sein inniger Kuss heben seine Wirkung auf, und Schneewittchen kehrt ins Leben zurück. Selbst in den Überlieferungen der Bibel steht, dass Adam von einem Apfel kostete, den ihm Eva reichte – die Verführung durch die Kombination von Liebreiz und Anmut, durch die Adam die Erkenntnis des Lebens erhielt. Und selbst in dieser Geschichte wird versucht, dem Apfel eine negative Eigenschaft anzudichten. Die Verführung durch einen Apfel, der durch seine Süße die Sinne verzaubert, wird als Teufelswerk beschrieben. Und doch geschieht das genaue Gegenteil: Adam erlangt Erkenntnis und spürt seine Liebe zu Eva, und Schneewittchen kehrt ins Leben zurück. Das Gemeinsame dieser beiden Geschichten ist die Liebe als wandelnde Energie, die eine der größten Kräfte des Apfels ist.

Der mythische Ort Avalon, der aus dem Sagenkreis um König Artus bekannt ist, bekam seinen Namen von den vielen Apfelbäumen und ihren Früchten auf dieser Insel im Marschland rund um das heutige Glastonbury in Südengland. Der Apfel symbolisiert Weiblichkeit, Weichheit, Intuition und Hingabe sowie Fruchtbarkeit, Geburt und Neuanfang. Diese Themen flossen in die Legende von König Artus und seiner Frau Guinevere ein, deren Verbindung von den Verstrickungen der Liebe und ihrem

Zauber gelenkt war. Für seine Liebe opferte Artus die Zugehörigkeit zu seinem Glauben und öffnete damit die Tür zu tiefgreifenden Veränderungen in seinem Land.
Die alten Apfelsorten haben eine runde Form, erst neuere Züchtungen brachten Tropfenformen und weitere Änderungen in Umlauf. Diese überlieferte runde Form stand bei den Menschen als Sinnbild für die Erde. Einige unterschiedliche Sagen berichten über goldene Äpfel. Den Göttern übergeben, sollen sie für deren ewiges Leben gesorgt haben. Aus diesem Glauben heraus wurde der Reichsapfel geboren. Herrscher wollten die Welt in den Händen halten können und glaubten, dass sie durch den Besitz eines goldenen Apfels ewiges Leben erhalten würden. Aus wertvollem Material hergestellt, war der Reichsapfel ein Symbol der Kontrolle über die materielle Ebene und die weibliche Fruchtbarkeit. Das Zepter stellt den Phallus dar und repräsentiert den männlichen Status, um offensichtlich zu machen, dass der Herrscher Macht über das Sein und Werden hat.
Ein Apfel auf dem eigenen Altar erinnert dich immer daran, dass du ein schöpferisches Wesen bist, aus dem heraus Neues entstehen kann. Er symbolisiert deine Fruchtbarkeit – auf der körperlichen und auch auf der geistigen Ebene. Um etwas zu erschaffen, reichen der Wille und die Bereitschaft, deine Schöpfung in die Welt zu begleiten.
Durch den Apfel erhalten wir Schutz aus der Mitte heraus. Die Blütenblätter des Apfelbaumes bilden ein Fünfeck. Schneidest du einen Apfel waagerecht entzwei (nicht vom Stiel in Richtung Blütenkranz), so zeigt sein Kerngehäuse die Form eines Pentagramms, des Drudenfußes. Seit jeher glaubten die Menschen, dass dieses Zeichen großen Schutz gegen die bösen Nachtgeister, die Druden, böte. Daher wurde es oft auf Türschwellen gezeichnet, um so das Böse nach draußen zu verbannen. Auch in dieser Darstellung zeigen sich wieder die Heilkraft und der Schutz, den wir durch die Früchte des Apfelbaumes erhalten.

Das Holz des Apfelbaumes ist zum Schnitzen von Holzbildern zwar wegen seiner leichten Verarbeitbarkeit gut geeignet, aber es ist selten in einem ausreichenden Durchmesser zu erhalten. Die wahre Magie des Apfelbaumes liegt daher weniger in der materiellen Verarbeitung seines Holzes. Vielmehr steht seine Fähigkeit im Vordergrund, die Menschen mit dem außergewöhnlichen Duft und Geschmack seiner Früchte anzulocken und ihre Sinnlichkeit zu erwecken. Mithilfe seiner Früchte erzieht er die Menschen zu Bewusstheit und Verantwortung. Er fördert die inneren Fähigkeiten zutage und sensibilisiert für die feineren Aspekte in allem. Dadurch öffnen sich die Menschen in der Begegnung mit dem Apfelbaum für das innere Wissen um Heilung und Gesundwerdung. Das Geschenk des Lebens, das wir vom Apfelbaum erhalten, ist in den vielfältigen Heilanwendungen mit seinen Früchten verborgen. Hörst du dem Apfelbaum zu, wirst du erfahren, wie du lange, gesund und auf natürliche Weise schön bleibst.

Wer kennt nicht den Spruch: »An apple a day keeps the doctor away« – täglich einen Apfel zu essen, hält den Doktor fern. Daraus erkennen wir, welche guten Inhaltsstoffe in Äpfeln wirken. Allein der Duft eines Apfels reicht, dir wieder frische Energie zu schenken. Probiere es aus, wenn du eine längere Strecke unterwegs bist und Hunger oder Müdigkeit verspürst. Besorge dir aber einen kraftvollen, in seiner natürlichen Weise gereiften Apfel voller Lebendigkeit. Inhaliere die Lebenskraft, die in dem Apfel steckt, und nimm wahr, wie du auftankst. Möglicherweise kannst du nach einer längeren Zeit sogar spüren, dass der Apfel immer »leerer« wird, dass er nicht mehr so intensiv duftet und eventuell seine Farbe verliert. Er hat dir seine Kraft geschenkt, ohne dass du ihn zu essen brauchtest. Lässt du den Apfel an einem energetisch gesunden Platz liegen, lädt er sich wieder auf und ist frisch wie zu Beginn. Die Früchte des Apfelbaumes nähren uns aus dem Verständnis des Miteinanders heraus.

Ein Brei aus geriebenen Äpfeln wirkt bekanntermaßen gegen Darmprobleme. Doch nicht nur bei Krankheiten dient uns der Apfel. In der Küche passt er als Marmelade, Gelee, Saft, Relish und Chutney zu vielen Gerichten. In Scheiben geschnitten und getrocknet, liefert er uns selbst in der dunklen Jahreszeit Vitamine und die Süße des Sommers. Äpfel lassen sich an geeigneten Plätzen über Monate hinweg lagern und erwärmen uns innerlich als köstlich duftende Bratäpfel auch im tiefsten Winter.

Das Wesen des Apfelbaumes – der Apfelbaum als Lehrer

Der Apfelbaum hat ein liebliches Wesen. Sein größtes Ziel ist es, Freude und Glückseligkeit zu verbreiten. Trotz seiner zarten und feinen Ausstrahlung hat er Charisma, und seine ruhige Kraft ist deutlich zu spüren. Ohne den genauen Grund zu erkennen, fühlst du dich in seiner Nähe unweigerlich wohl. Willst du mit ihm kommunizieren, so öffnet er sich gern und zeigt sich äußerst hilfsbereit. Der Apfelbaum ist geduldig und akzeptiert auch unlogisches oder wankelmütiges Verhalten. Durch sein tolerantes Wesen lässt er so viele unterschiedliche Charaktere zu, dass er nie das Verhalten seines Gegenübers kritisiert. Er bleibt gelassen und kann warten. Durch diese Aspekte seiner Persönlichkeit ist der Apfelbaum ein guter Lehrer und Begleiter in unsicheren Zeiten. Neben seinem offenen und verständnisvollen Wesen verfügt er über die Fähigkeit, Situationen gut strukturiert zu analysieren. Dadurch findet er meist zügig die Ursache für deine Stimmungsschwankungen oder Unsicherheiten. Der Apfelbaum fühlt sich in dich hinein, und wenn er spürt, dass du noch nicht bereit für die Wahrheit bist, dann schweigt er und lächelt dir weiterhin liebevoll zu. Leider glauben dadurch manche Menschen, dass der Apfelbaum nicht in der Lage ist, in so einer Situation Antworten zu liefern. Doch darin liegt seine Schweigsamkeit nicht begründet. Er möchte niemanden verletzen und wird daher so lange schweigen, bis sein Gegenüber bereit ist, sich der Ursache seiner Situation zu stellen. Sobald der Baum das spürt, ist er ein guter, feinfühliger und klar strukturierter Trainer mit einem feinen Gespür für das Machbare. Er wird dir nur Lösungsvorschläge und Rat anbieten, der auch mit Hand und Fuß in die Realität umzusetzen ist. Wenn der Apfelbaum also schweigt, was manchmal schwer auszuhalten ist, liegt das nicht daran, dass er dich nicht sieht, nicht ernst nimmt oder ablehnt. Stimmungen dieser Art sind dem Apfelbaum fremd.

Wie nutze ich die Persönlichkeit des Apfelbaumes für mich?

Der Apfelbaum lebt dir vor, wie man weich, sanft, rücksichtsvoll und voller Verständnis handelt bei gleichzeitig beherztem und kraftvollem Auftreten. Er würde sich nie klein- oder gar unsichtbar machen. Weithin sichtbar steht er auf der Wiese und reckt seine Äste in den Himmel. Wenn du ihn besuchst, brauchst du nicht lange um ein Gespräch zu bitten: Fröhlich nimmt er Kontakt mit dir auf. Tritt gelassen nah an ihn heran, atme den feinen Duft seiner Blüten oder Äpfel ein, und labe dich an seiner Lebenskraft. Setze dich zu seinen Füßen hin, lehne dich an seinen Stamm, und fühle in dich hinein. Wie geht es dir im Moment? Was bedrückt dich, was fehlt dir? Lasse die Gefühle aufsteigen, und zeige dem Apfelbaum deine inneren Bilder dazu … und dann schweige. Atme entspannt die frische Luft ein. Du wirst merken, dass du ruhiger und gleichzeitig vitaler wirst. Der Apfelbaum beginnt erst einmal zu wirken, bevor er redet. Erst wenn du aufgetankt bist, kannst du offen sein für das Neue, das sich ergeben möchte. Möglicherweise musst du mehrmals kommen, bevor der Apfelbaum zu reden beginnt. Er lebt den Gegensatz zwischen quirliger Lebendigkeit und entspannt die Situation aushalten. Gestatte auch du dir, dass du einerseits voller innerer Unruhe und andererseits ruhig und entspannt existieren darfst. In der Arbeit mit dem Apfelbaum ist nichts statisch, alles ist in Bewegung, und trotzdem spürst du die sichere Stabilität in der Veränderung. Lasse zu, dass der Apfelbaum dir die richtigen Zeichen und Impulse gibt. Folge deiner Intuition – alles ist richtig.

Der Apfelbaum ist sehr empfindsam und feinfühlig, deshalb begegne ihm immer mit Achtung und Wertschätzung. Damit ist nicht gemeint, dass du dich unterwürfig verhältst. Sieh euch beide als gegenseitiges Geschenk an. Er freut sich über dein Interesse und deine Anwesenheit und schenkt dir dafür Beachtung, Hilfe und Klarheit. Auch wenn er gern viele Menschen um sich hat, steht er dir trotzdem treu und persönlich mit seinem Rat zur Seite, bis du dein Problem lösen konntest.

Als Apfelbaum-Mensch bist du fähig, große Lasten auf dich zu nehmen, weil es die Situation erfordert. Tief in dir weißt du, dass am Ende alles gut wird – auch für dich. Den Menschen, die sich an dich wenden, bringst du Freude und Begeisterung, sodass sie sich mutig auf die Entwicklungsprozesse einlassen können. Die benötigte Energie kannst du aus dir selbst heraus erschaffen und auf diese Weise auch länger andauernde Aufgaben durchführen. Deine Struktur ist flexibel, und daher bleibst du offen für Alternativen, wenn dein Plan nicht wie erwartet durchzuführen ist. Apfelbaum-Menschen wissen, dass sie helfen können. Und sie erkennen, wann es an der Zeit ist, ihr Wissen einfließen zu lassen.

Erlebe den Apfelbaum

Der Apfelbaum mit seiner quirligen Art erinnert an Blumenwiesen, Sommerstimmung, Schmetterlinge und Blumenkränze. Äpfel stehen für Sinnlichkeit, Lust, Verführung und Genuss. Gleichzeitig lässt uns der Apfelbaum erleben, dass es im Zyklus des Jahres in jedem Augenblick schöne und wichtige Momente gibt, die es wert sind, beachtet zu werden. Der Apfelbaum kann dir die Leichtigkeit zurückbringen. Ist im Moment Winter und hat sich der Baum in sich zurückgezogen, so verbinde dich aus deiner Erinnerung heraus mental mit ihm. Lässt die Jahreszeit einen Besuch beim Apfelbaum zu, nutze dieses Geschenk, und lasse dich darauf ein. Vielleicht möchtest du bewusst Kleidung tragen, die für dich mit Leichtigkeit verbunden ist. Gerade, wenn du dich aktuell ein wenig schwermütig fühlst, lasse dich von der Verspieltheit des Apfelbaumes anstecken. Begibst du dich auf einen Spaziergang zu ihm, nimm etwas zu essen und zu trinken mit. Du weißt nicht, wie lange dein Treffen dauert. Eventuell sind die Äpfel deines Baumes schon reif, und er überlässt dir einen als Geschenk – aber verlasse dich nicht darauf. Bedenke: Ein Apfelbaum ist, neben aller leichten Verspieltheit, sehr logisch und klar und kann entscheiden, dass für dich keine seiner Früchte gut genug ist.

TANZ DES LEBENS

Setze dich zu deinem Apfelbaum, am besten mit dem Rücken zum Stamm. Atme eine Weile ganz normal, und betrachte die Landschaft um dich herum. Gedanken kommen und gehen, alles gehört zu dir. Du bist jetzt ein Teil dieses Stilllebens – der Baum, du und der Rest der Welt. Irgendwann bist du ganz in dir angekommen. Lasse dir alle Zeit, die du brauchst. Du musst nichts leisten, keine Anforderungen erfüllen. Ist dieser Moment der gelassenen Ruhe gekommen, schließe deine Augen, lasse deine Schultern locker, und sei du selbst, jetzt in diesem Moment.

Wenn du vollkommen in deiner Aufmerksamkeit angekommen bist, wirst du möglicherweise das Hüterwesen des Apfelbaumes spüren. Lasse zu, dass dessen Schwingung deine eigene Schwingung sanft animiert, sich auf ihren Rhythmus einzulassen. Ganz sanft und erst kaum spürbar beginnt dein Körper zu schaukeln. Mit unglaublicher Feinheit bewegst du dich im Takt des Apfelbaumes. Hörst du den Gesang? Die Elfen in der Umgebung stimmen zu deiner Begrüßung ein Lied an. Es ist gerade so laut, dass es für dich angenehm ist. Im Rhythmus der Melodie bewegt sich dein Körper, und du gibst dich dessen Wunsch und Antrieb hin. Die Schwingung des Apfelbaumes in Harmonie mit dem Gesang des kleinen Volkes ermöglicht dir, dass auch du deine eigene Melodie wahrnimmst. Lasse es zu, wenn dein Körper kraftvoller darauf reagieren möchte. Fühlst du, dass deine Beine sich bewegen möchten? Gib diesem Gefühl nach, nur du bestimmst, auf welche Weise du in Harmonie mit dem Apfelbaum schwingst. Möchte dein Lied laut erschallen? Dann gib deinem Impuls nach. Tanze und singe mit den Naturwesen und dem Wesen des Apfelbaumes. Freue dich des Lebens, fühle die Dankbarkeit deines Seins. Mit jeder deiner Bewegungen fällt von dir ab, was dich bisher ausgebremst hat. Tanze deine Liebe zu dir selbst, und danke dem Leben.

Die Art deines Erlebens bestimmst du selbst. Alles ist in Harmonie, und mit jedem Mal und jeder Minute deines Tuns verbindest du dich wieder mit dem Netz der Liebe und Harmonie. Alles Schwere geht, Sinnlichkeit und Liebe bekommen mehr Raum in dir.

Genieße diesen Zustand. Spüre, wie er sich in die Zellerinnerung deines Körpers einpflanzt. Die Leichtigkeit, Spritzigkeit und Lebendigkeit des Apfelbaumes haben deinen Körper daran erinnert. Genieße diesen Tanz des Lebens so lange, wie es sich für dich gut anfühlt. Sitze noch eine kleine Weile am Fuß des Apfelbaumes, und lasse das Erlebte nachklingen. Bevor du gehst, bedanke dich bei dem Baum, den unterstützenden Naturwesen und bei dir selbst.

Was kann mich bei der Arbeit unterstützen?

Runen des Apfelbaumes

JERA repräsentiert die natürlichen Rhythmen und Zyklen, den Kreislauf von Anfang bis Ende. Die Rune lässt dich erleben, wie alles aufeinander aufbauen muss, damit am Ende der maximale Erfolg steht.

GEBO gleicht Geben und Nehmen aus in der göttlichen sexuellen Vereinigung und der Harmonie zwischen Männlichem und Weiblichem. Die Rune schwingt uns direkt in das harmonische Miteinander des Apfelbaumes ein. Dieser will geben und freut sich ebenso darüber, gesehen und beschenkt zu werden. Der Apfelbaum möchte annehmen und verteilen, und dies unterstützt die Rune GEBO.

Mineral des Apfelbaumes

Der **KARNEOL** mit seiner sonnigen Ausstrahlung fördert die Lebensfreude und aktiviert gute Laune. Er schwingt dich auf die quirlige Lebendigkeit des Apfelbaumes ein. Ein melancholisches Gemüt wird gewandelt in dynamischen Forschergeist. Neubeginn aus Neugierde heraus bekommt seinen Antrieb aus der Kraft des Karneols. Am besten wirkt er bei direktem Hautkontakt.

Schlehdorn

Mond der Jagd

SEPTEMBER

»Geist des Schlehdorn, zeige mir, wie ich mich vorbereiten kann, wenn in mir und außerhalb von mir die Atmosphäre rauer wird. Zeige mir, wie ich mich reinigen kann.«

Wissenswertes zum Schlehdorn

Jahreszeitliche Betrachtung – welche Zeit hütet der Schlehdorn?

Der Schlehdorn, auch Schwarzdorn, Schlehe oder Heckendorn genannt, ist der Baum der nahenden kalten Jahreszeit. Seine Früchte werden erst genießbar, wenn der erste Frost in den rauen Nächten sie reifen lässt. Dann sind die Beeren reich an Vitamin C.

Biologische und physikalische Betrachtung des Schlehdorns

Gemeine Schlehe, Prunus spinosa

Der Schlehdorn ist ein Strauch oder kleiner Baum und wird vier bis maximal sechs Meter hoch. Er ist aus zweierlei Gründen ein ideales Heckengewächs: Zum einen ist er eine Pionierpflanze und vermehrt sich über seine kriechenden Wurzeln, sodass der Standort, an dem er sich heimisch fühlt, oft zu einem dicht gewachsenen Gestrüpp wird. Zum anderen können seine stacheligen, abstehenden Seitenäste mit ihrem sparrigen Wuchs undurchdringbar sein. Die zwei bis sechs Zentimeter langen Stacheln geben der Vogelwelt ideale Bedingungen, um ihre Nester sicher zu befestigen und vor allerlei Fressfeinden zu schützen. Aufgrund dieser Eigenschaften wurde und wird die Pflanze gern als Windfang, Hofbegrenzung, Weidenumrandung und zur Befestigung von Böschungshängen genutzt. Kalkhaltige Böden sind kein Problem für den Schlehdorn. Heutzutage wird sein Reisigholz auch gern in Gradierwerken in Kurorten genutzt, um Salze abzuscheiden und aufzufangen, die sich durch die Verdunstung des Wassers an ihnen fangen. Der sich auf den Ästen bildende Salzbelag wird Dornstein genannt.

Die Blütezeit des Schlehdorns ist zwischen Ende März und Anfang Mai. Durch die weißen Blüten ist er gut zu erkennen. Der Blütenstand bildet sich aus, ohne dass der Baum Blätter trägt. Der Weißdorn bildet im Gegensatz dazu erst Blüten, nachdem die Blätter ausgetrieben haben. Da der Schlehdorn im Jahr als einer der ersten Bäume blüht, wird er gern von Insekten und Bienen angenommen. Er gehört zu den Rosengewächsen, und die Blüten sind, vergleichbar mit denen des Apfelbaumes, fünfblättrig. Die sich bildenden Früchte sind kirschgroß und blau, gehören zum Steinobst und sind herb-sauer.

Überliefertes – Mythologie, Volksheilkunde, Handwerkliches, Magisches

Der Schlehdorn ist ein Gehölz, das schon vor Jahrtausenden von unseren Vorfahren in der heutigen Form genutzt wurde und sich seitdem kaum verändert hat. In Ausgrabungen von Pfahlbauten aus der Jungsteinzeit fanden sich Schlehenkerne. Unsere Vorfahren schützten ihren Grundbesitz häufig mit Schlehdornhecken.
Aus dieser Zeit kommt auch der Glaube, dass der Schlehdorn vor Blitz, Feuer und Krankheit schützt.
Eine alte Bauernweisheit lehrt:
»So viele Tage, wie die Schlehe vor der Walpurgisnacht (01.05.) blüht, so viele Tage sollte die Ernte im Herbst vor Jacobi (23.10.) eingefahren werden.«
Unsere heutigen Pflaumenbäume sind Nachkommen der alten Schlehen und durch Veredelung entstanden. Vermutlich wurde diese Kultivierung bereits im persischen Reich durch eine Einkreuzung mit Kirschpflaumen erreicht. In Italien blüht ein alter Schwarzdorn seit dem Mittelalter jedes Jahr zur Weihnachtszeit. Er steht in der Nähe einer Madonna.

Die Menschen waren auch schon immer der Überzeugung, dass nicht nur die Vögel Schutz in der Hecke fanden, sondern auch das kleine Volk, z. B. Zwerge und Kobolde. Mit diesen kann man besonders gut in Kontakt treten, wenn man ihnen kleine Geschenke als Gaben mitbringt.
Die Äste der Schlehe sollen sich gut als Magie- und Zauberstäbe eignen, und selbst die Dornen finden Verwendung zur Abwehr von magischen und reellen Angriffen. Ebenso sind Distanzanwendungen im Bereich der beeinflussenden Magie denkbar, sowohl zur Behandlung von Krankheiten vergleichbar mit einer

Fern-Akupunktur der chinesischen TCM-Methodik als auch in der Schadensmagie, indem sie in eine stellvertretende Puppe gestochen wurden.

Der Schlehdorn und seine Bestandteile finden bereits seit alters auf vielfältige Weise Verwendung in der Volksheilkunde. Schon Hildegard von Bingen nutze ihn als Mittel der Wahl bei Gichterkrankungen. Auch die Rinde und die Blätter wurden früher benutzt, um mit dem enthaltenen roten Farbstoff Wolle und andere Stoffe zu färben.
Die Blüten und Früchte des Schwarzdorns wirken zusammenziehend, blutreinigend und stärkend. Bei Schwangeren können vor allem die Blüten als sanftes Abführmittel bei Verstopfung genutzt werden und zur Stärkung von Blase, Nieren sowie Prostata gute Dienste leisten. Die Früchte regen allgemein den Stoffwechsel an. Übergießt man diese mit heißem Wasser, werden die Inhaltsstoffe freigesetzt, die innerlich wie äußerlich angewendet werden können. Das Zahnfleisch regelmäßig mit Schwarzdorntee zu spülen, stärkt es. Äußerlich hilft das Waschen mit Schwarzdorntee bei Hautunreinheiten. Diese Eigenschaften sind weithin bekannt, aber auch die Verabreichung bei Neurose und Herzschwäche ist ähnlich wie von Weißdorn üblich.
Nach dem ersten Frost werden aus den Früchten Nahrungsmittel wie Mus, Gelee und Likör hergestellt. »Reif« – also genießbar mit nicht zu saurem Aroma – sind die Früchte, wenn die Hülle am Stielansatz tiefblau bis schwarz verfärbt ist. Man soll die Schwarzdornfrüchte mit Stielen pflücken, da sie nur kurze Zeit haltbar sind und aus dem Stiel noch etwas Kraft ziehen können. Eng anliegende, langärmelige Oberteile und Hosen bis zu den Knöcheln sind beim Pflücken angebracht, zudem Gartenhandschuhe, um den Dornen nicht zu viel Angriffsfläche zu bieten (nicht geeignet sind deshalb Wollpullover).
Die Pflückzeit beginnt im September oder Oktober und zieht sich oft bis in den Januar hinein. Erntet man sie zu früh, sind die Früchte noch bitter. Die Bitterstoffe ziehen sich beim Frost in den Stamm zurück, und der Zuckeranteil in den Früchten steigt. Wartet man allerdings zu lange, könnten sich die Vögel bereits an dieser köstlichen Winterspeise bedient haben. Vor allem Kinder sollten auf keinen Fall die Kerne mitessen, denn unser Körper verwandelt ihre Inhaltsstoffe in giftige Blausäure.

Das Wesen des Schlehdorns – der Schlehdorn als Lehrer

Wie nutze ich die Persönlichkeit des Schlehdorns für mich?

Der Geist des Schlehdorns weist auch einmal einen unangenehmen Weg, ist dabei aber immer sehr lehrreich. Er tritt in dein Leben, wenn du es nicht schaffst, dich abzugrenzen. Auch ist es wahrscheinlich, dass du dann gerade privat oder im Beruf unter Stress und Überlastung leidest. Die daraus resultierenden körperlichen Beschwerden äußern sich oft als Irritationen der Haut, z. B. Ekzeme oder Allergien gegen Umwelteinflüsse. In extrem belastenden Situationen kann dadurch auch dein Blutkreislauf oder ein anderer wichtiger Körperprozess komplett ins Stocken geraten oder aus dem Ruder laufen.
Warum ist das so? Du gehörst zu den Menschen, die Schutz oder Hilfe benötigen, hast gleichzeitig Angst, dich zu sehr zu öffnen und verletzt zu werden. Und doch willst du eigentlich hinaus aus deinem Kokon und in Kontakt mit anderen Menschen treten, weil die Einsamkeit an dir nagt. Wenn du vor solchen Herausforderungen stehst, schaue dir den Schlehdorn genauer an. Wo findest du Gemeinsamkeiten? Kannst du seinen Rat annehmen? Stell dir das vor wie ein Herantasten an dein wahres Thema. Stelle dafür eine These auf, und schaue, ob sie für den Schlehdorn auch zutrifft. Beobachte dann, wie der Baum damit umgeht. Aus der Reaktion des Baumes leitest du für dich ab, wie du in Zukunft reagieren willst.

Wie verhältst du dich, wenn du deine Umwelt als bedrückend empfindest? Menschen, die dem Schlehdorn nahestehen, fahren häufig ihre Krallen aus, um Platz zu schaffen. Sie können gut allein sein und ruhen in sich selbst. Ihr wahres Potenzial wird von anderen erst nach einer gewissen Zeit erkannt und wertgeschätzt. Ihr teilweise abwehrend wirkendes Verhalten zeigt allerdings nur, dass alles Gute seine Reifezeit braucht und der Schlehdorn-Mensch sich diese Zeit des Wachstums nimmt, bevor er mit seinem Wissen nach außen tritt.

Erlebe den Schlehdorn

Mein Mediziner sagte neulich zu mir: »Investieren Sie mit Freude und Begeisterung die Zeit (und eventuell das Geld), die es benötigt, um den optimalen Zustand für Ihr Alter und Ihre Lebenssituation herzustellen.« Jeder geheilte oder optimierte Zustand verhindert weitere Handlungen für nicht zielführende Veränderungen. Das gilt nicht nur auf der körperlichen Ebene, sondern genauso auf der mentalen, der geistigen sowie der emotionalen Ebene. Eine von außen unterstützende Technik hierfür ist das Shamanic Rune Healing.*

DEN SCHLEHDORN BESUCHEN

Nimm dir ca. zehn bis 20 Minuten Zeit, wenn du mit der Unterstützung des Schlehdorns dein Sein betrachten und verändern möchtest. Gerade, wenn du eher städtisch wohnst, ist ein mentaler bzw. energetischer Besuch des Schlehdorns eine gute Alternative. Wenn du ihn im realen Leben bisher nicht wahrgenommen hast, orientiere dich an den Bildern hier im Buch, um ihn zu erkennen.

Suche dir einen geeigneten Platz, an dem du in den nächsten Minuten ganz mit dir selbst sein kannst. Eventuell hast du den Likör Schlehenfeuer zur Hand und kannst ihn auf deinem Meditationsaltar in ein offenes Gefäß füllen. Du kannst auch ein Bild des Schlehdorns als Unterlage verwenden. Sei einfach frei, die Energie des Schlehdorns in der Ausdrucksform mit in deine Meditation hineinzunehmen, die sich stimmig anfühlt. Wähle eine besondere Kerze, vielleicht ruft dich auch ein Kristall und möchte gern mitwirken, oder du hast sogar einen schönen Beryll-Solitär** zu Hause. Mache es dir jetzt bequem, schließe die Augen, und folge den inneren Bildern, die entstehen und gesehen werden wollen.***

---

* Shamanic Rune Healing© ist eine vom Licht-Focus entwickelte Technik, mit Runenunterstützung die drei Energieebenen des Menschen (Geist, Körper, Seele) zu behandeln. Mehr dazu erfährst du in den fortgeschrittenen Runenseminaren, die der Licht-Focus anbietet – bei Interesse wende dich an info@lichtfocus.de.

** Durchscheinendes, milchig-weißes Mineral, das energetisch zum Schlehdorn gehört.

*** Nimm den Sprechtext beim ersten Durchlesen des Buches mit einem Aufnahmegerät auf, und spiele ihn dann ab, um der Meditation zu folgen.

Atme tief und langsam ein und aus, und folge deinem Atem in deinen Körper. Suche in dir das Gefühl von Wohlbefinden, von Unbesorgtheit. Betrachte das Gefühl, die Emotion, die damit zusammenspielt, als Vehikel. Der Atem fließt in all deine Zellen, deine Körpersysteme, deine Chakras und Organe. Nun erlaubst du deinem Atem und deinem Gefühlsvehikel, dich mitzunehmen, zurück auf dem Zeitstrahl, zurück in deine Kindheit dieser Inkarnation.

Gehe so weit zurück, wie es dir bewusst möglich erscheint. Suche nach einem Zeitpunkt in deiner Kindheit, an dem du noch offen und neugierig auf alles bist, keine Vorbehalte gegen Ereignisse hast, an dem deine Zellen noch frei sind von schmerzhaften Erinnerungen und Mustern aus früheren Leben. Tauche ganz in dieses Gefühl ein, und bade förmlich darin. Genieße diese Unbeschwertheit. Schaue, welche Emotionen, welche Farben, welche Sinneseindrücke, welche Gerüche oder Geräusche du mit jenem Lebensabschnitt verbindest. Verankere diese Zeit und deine damaligen Emotionen in dir, damit du in zukünftigen Meditationen und schamanischen Reisen immer an diesen Punkt zurückkehren kannst. Dies ist die Zeit, in der »Unschuld« und »Reinheit« dein Lebensgefühl bilden.

Du fühlst, wie du von einem Begleiter, dem du absolut vertraust, an die Hand genommen wirst. Das kann ein Mensch, aber auch ein Krafttier, ein Fabeltier oder ein anderes Wesen sein. Er lädt dich ein, gemeinsam mit ihm einen Spaziergang zu machen. Du bekommst ein Milchkännchen mit Deckel und Henkel zum Tragen, und auf deinen fragenden Blick hin hörst du

nur: »Wir gehen Schlehen sammeln.« Es ist tiefer Herbst, die letzten Nächte war es bereits bitterkalt, und die Eisblumen am Küchenfenster haben dich jeden Morgen direkt nach dem Aufstehen begrüßt. Heute schien die Sonne bereits am Morgen, und dick eingemummelt macht ihr euch auf den Weg in den Wald. Den Ort, an dem die Schlehen wachsen, kennst du schon, denn bereits vor einigen Wochen – noch vor dem Frost – habt ihr dort bei einer Wanderung Rast gemacht. Die Schlehenbüsche stehen als dicht gewachsene, undurchdringliche Hecke direkt hinter dem Wald, wo sich die steile Wiese für die Rinderherde befindet. Die Büsche bilden auf diese Weise einen natürlichen Schutzwall. Während des halbstündigen Weges erzählt dein Begleiter dir etwas über die Wesenszüge des Schlehdorns und, was du von ihm lernen kannst: »Wenn du ein Schlehdorn bist, bist du ein Frühaufsteher, du bist einer der Ersten, der die Sonne begrüßt, und du opferst ihr die Blüten, noch bevor das Laub an deinem sparrigen Geäst knospt. Du wirbst im Einklang der Natur um die Bienen, bietest ihnen Frühnahrung an und bedankst dich für die Bestäubung. Du verschenkst deine Schönheit, aber nur an die, für die sie bestimmt ist. Blüten- und Laubessern zeigst du deine spitzen Stacheln, sie dienen dir als passiver, aber wirksamer Schutz. Der gleiche Mechanismus greift, wenn du deinen Lebensraum mit Wesen teilst, die ihre Kinderstube mit ihren Nestern bei dir einrichten. Dein fein verzweigtes Gehölz bietet Halt, Sicherheit und Schutz vor großen Vögeln und vor Mardern. Die kleineren Tiere bedanken sich bei dir, indem sie die Lieder der Liebe und der Jugend mit dir teilen. Der Mensch, der dich dort angesiedelt hat, nutzt dein Sein als Hecke, als Sichtschutz, als Zaun, als magischen Schutz und fertigt schöne und nützliche Dinge aus deinen Ästen. Niemals würde er dich für einen Spazierstock töten, aber so lebt ihr in Symbiose. Die Frucht, vor dem Frost säuerlich, nach dem Frost eher sanft und süßlich im Geschmack, voll von Vitamin C und aufgetankt mit der Süße des Lebens – aus ihr entstehen ein toller Likör und ein gehaltvoller Tee.«
Ihr seid nun angekommen. Ganz intensiv hast du den Worten gelauscht, und dein Gefühl für diesen stachligen Gesellen ist voller Liebe und Freude wegen seines sozialen Wesens. Du respektierst seine Grenzen, die er über sein stachliges Kleid definiert. So schützt er das, wofür du heute hergekommen bist: die tiefblauen, fast schwarzen Schlehenfrüchte. Dein Begleiter hat Handschuhe eingesteckt, die er dir anzieht, und ihr beide begrüßt den Schlehengeist, erzählt von eurer Begeisterung für seine soziale Ader, versprecht, ihn zu schützen und zu ehren, und bittet um Erlaubnis, eine gute Handvoll Beeren im Milchkännchen mitnehmen zu dürfen. Vorsichtig suchst du die dunkelsten

Früchte heraus und pflückst sie ab. Der Busch verschenkt seine Beeren oft bis in den Januar hinein, und immer sollte man einen Rest für die Vögel lassen. Das ist die Bedingung des Schlehdorns. Ihr bedankt euch nach der Ernte und geht wieder heim.

Auf dem Heimweg beschäftigt dich das Wesen des Schlehdorns sehr, und du nimmst dir vor:

» immer für dich einzustehen und dein Dasein zu schützen, aber nicht zulasten anderer,
» nach deinen Möglichkeiten zu teilen und anderen Unterstützung anzubieten,
» allen Lebewesen mit Ehrfurcht zu begegnen, dazu gehören auch und vor allem die Pflanzen und Bäume,
» niemals aggressiv anzugreifen, aber durch absolute Klarheit deine Grenzen bewusst aufzuzeigen und glaubhaft zu vermitteln, dass die Nichteinhaltung schmerzhaft für den anderen ist,
» jeden Tag zu genießen, die Schöpfung und den Schöpfer zu ehren und das Leben zu feiern,
» später nach Techniken zu suchen, das heute Erlebte mental zu verankern und energetisch zu stärken.

Ihr kommt zu Hause an, und dein Begleiter hat bemerkt, wie sehr dich das Erlebte und Gehörte beschäftigt. Er hat dir auf dem Rückweg die Zeit gelassen, alles zu verarbeiten. Bevor ihr nun die Beeren weiterverarbeitet, gibt er dir noch zwei Dinge mit:

» Habe immer, wenn du dich geistig mit dem Baumgeist verbindest, den Schlehenlikör oder die Marmelade genießt, diese Lebensweisheiten vor Augen, und erneuere dann die Erinnerung daran in all deinen Zellen.
» Gib dieses Wissen zu geeigneter Zeit in geeigneter Form in deiner Art und Weise an jemanden weiter, der dir vertraut und auf dich hört, auf dass dieses alte Wissen Bestand hat.

Was kann mich bei der Arbeit unterstützen?

Rune des Schlehdorns

Die Rune **THURISAZ** hat den Beinamen »Thors Hammer« und zeigt in seiner äußeren Form einen Dorn. So unnahbar die Schlehe durch ihre langen Dornen ist, so kraftvoll abwehrend wirkt die Rune **THURISAZ** für dich.

Mineral des Schlehdorns

Der **BERYLL** ist ein weißer, durchscheinender Stein, der wie eine milchige Lupe wirkt, wenn du ihn über Geschriebenes oder Gemaltes führst. Er wird bereits in der Bibel als einer der zwölf Grundsteine genannt, die für die Standfestigkeit der Stadtmauer von Jerusalem sorgten.

Holunder

Mond der fallenden Blätter

OKTOBER

»Geist des Holunders,
hilf mir, meine Visionen
zu finden und diese
fokussiert und in
Weisheit umzusetzen.«

Wissenswertes zum Holunder

Jahreszeitliche Betrachtung – welche Zeit hütet der Holunder?

Der Holunder steht für Schutz, Fruchtbarkeit und Liebe. Er wird häufig als Schwellenhüter angesehen und ermöglicht den Neubeginn. Sein lateinischer Name lautet »Sambucus nigra«. Je nach Landstrich ist er auch unter den Namen Hollerbusch, Elderbaum, Schwarzer Holunder, Holler oder Fliederbeerbaum bekannt. Seine Zeit beginnt mit dem Neumond im Oktober, der Zeit der fallenden Blätter. Im keltischen Kalender läutet der Holunder die dunkle Jahreszeit ein.

Biologische und physikalische Betrachtung des Holunders

Schwarzer Holunder, Sambucus nigra

Der Holunder wird ca. fünf bis zehn Meter hoch und ist ein strauchartiger Baum mit mehreren Stämmen. Er wächst häufig am Waldrand und an Böschungen, gedeiht besonders auf nährstoffreichen Böden und liebt den Halbschatten. Oft trägt er seine Blätter bereits im März, die Blüten sind cremig weiß und stark duftend. Bricht ein Ast oder wird abgesägt, so entwickelt der Holunder an dieser Stelle neue Seitentriebe, sogenannte Schösslinge, die noch im selben Jahr zwischen einem und zwei Metern wachsen.

Aus den Holunderblüten wird gern ein Sirup hergestellt. Dieser schmeckt, mit Wasser verdünnt getrunken, sehr erfrischend und wirkt entwässernd. Die reifen Holunderbeeren, die im

August oder September zu finden sind, sind beliebt bei Sammlern, da sie daraus Tee, Marmelade oder Likör herstellen. Aber auch die Vögel schätzen sie als Futter. Auf diesem Wege wird der Holunder vermehrt: Die Vögel unterstützen durch die wieder ausgeschiedenen Kerne die Verbreitung des Baumes.

Überliefertes – Mythologie, Volksheilkunde, Handwerkliches, Magisches

Der Holunder ist ein wunderbarer Baum und hat seit Urzeiten den Nimbus des Magischen. Die zerstoßenen Früchte des Holunders sind ein Grundbestandteil der Tinte für die Magie des Liebeszaubers. Aus dem grünen Saft der zerdrückten Holunderblätter hingegen wird Tinte hergestellt, um mit ihr den finanziellen Wohlstand, Wachstum und Neubeginn zu beschwören.

Schon von unseren keltischen Vorfahren wurde der Holunder als eine Universalmedizin anerkannt. Sie sahen die Beeren, die im Dezember noch hingen, als Geschenk von der großen Göttin. Die Äste jüngerer Holunderbüsche haben innen einen weicheren Kern, der leicht zu entfernen ist. So ist es möglich, aus ihrem Holz Flöten herzustellen, die dem Spieler

den Kontakt zum Reich der Elfen ermöglichen. Statt aus Esche wurden Hexenbesen auch aus den Stecken des Holunders gefertigt.
Der Holunder dient als Hüter, als Schwellenbaum und zieht eine Grenze zwischen der Mittelwelt (unserer Ebene des täglichen Erlebens) und der Unterwelt, womit er auch physisch die Wesen der beiden Sphären trennt. Das gleiche Prinzip wirkt, daran angelehnt, bei der Abwehr von Wühlmäusen, wenn man Holunderstecken in die Erde bohrt.
Da dem Holz adstringierende, anziehende Eigenschaften nachgesagt werden, übergaben die Schamanen dem Holunder ihre Krankheiten. Die Wundlappen, die zum Abdecken von Verletzungen verwendet wurden und in ihrem magischen Weltbild die Krankheit aufnahmen, hängten sie in den Baum in der Vorstellung, dass sich während des Trocknens das Leiden durch die Kraft des Holunders auflöste. Zum Ausgleich legten sie zu Füßen des Baumes Speisen und Getränke ab als Gabe an die Schwellengeister.
Man sagt, der Holunder würde die negativen Schwingungen aus der Umgebung anziehen und speichern. Aus diesem Grund sollte man niemals einen Holunder schneiden oder gar entfernen. Dabei werden die aufgesogenen Energien frei und gehen auf den Menschen über, der dafür verantwortlich ist. Diese Annahme erzeugte bei den Menschen ein ungutes Gefühl, und es entstand der Glaube, dass sich dunkle Wesen in der Umgebung des Holunders sammelten.

Der (schwarze) Holunder findet als Heilpflanze Verwendung bei Fieber und Erkältungen. Die Blüten können als Tee aufgegossen werden, und aus dem Saft der Beeren wird Marmelade und Gelee gekocht. Diese enthalten allerdings giftiges Sambunigrin. Um es zu neutralisieren, müssen die Beeren vor der Weiterverarbeitung über 80 Grad Celsius erhitzt werden. Die im Holunder enthaltenen ätherischen Öle wirken schweißtreibend, schleimlösend, pilztötend sowie schmerz- und entzündungshemmend.

Das Wesen des Holunders – der Holunder als Lehrer

Der Holunder wuchs bei unseren Vorfahren oft in den Bauerngärten oder an die Hauswände gelehnt. Traditionell ist er mit der Schutzgöttin Holle verbunden, weshalb er auch Hollerbusch genannt wird. Vor allem in Süddeutschland brachten die Germanen der Schutzgöttin, die wir auch als »Frau Holle« aus dem Märchen der Brüder Grimm kennen, in ihrer Aufgabe als Hausgeist Opfergaben zum Ausgleich dar. Es hieß, dass sie diejenigen reichlich belohne, die Mühen auf sich nahmen oder ihr opferten. Wollte man Holle besuchen, musste man einen Zugang zur Unterwelt finden, symbolisch also durch einen Brunnen tauchen. Bevor die Christianisierung dafür sorgte, dass die alten Götter nicht mehr verehrt werden durften, war es üblich, unter Bäumen oder an Quellen zu den Göttern zu beten. Zu jener Zeit war Holle die weiße, strahlende »Lichtfrau«. Sie belohnte die Menschen, die zur ihr kamen und nach ihren Gesetzen lebten, mit Gold und Erleuchtung. Deshalb wurde sie immer mit Wohlstand und Fülle in Verbindung gebracht. Sie erwartet auch heute noch von den Menschen, dass diese sich wohlgefällig verhalten und sowohl fleißig als auch ehrlich sind. Mit der Verbannung durch die Christianisierung jedoch wurde die Göttin Holle zur Hexenherrin, die in den Rauhnächten umgeht.

Unseren Vorfahren war es verboten, einen Holunder zu fällen. Falls es jedoch unumgänglich war, musste er befragt und um Erlaubnis gebeten werden. Er ist der Inbegriff der Reinheit, das merkt jeder an den Antworten, die einem der Holunder auf seine Fragen gibt.

Aus unserer Kindheit kennen wir Frau Holle als diejenige, die dafür verantwortlich ist, dass es schneit, weil sie ihre Betten ausschüttelt. Doch sie ist mehr als die freundliche ältere Dame. Ihr Ursprung ist der der großen Göttin, der Erdmutter, der Urweiblichkeit. Diese Schoßraumkraft, die ihr innewohnt, ist neben der Macht der alten Weisen auch die der gebärfreudigen jungen Frau. Sie symbolisiert die »ur-alte« Kraft, die Kraft der Mutter Erde, die Kraft der Erneuerung über die Gebärende hin zu Mutter Elder (englisch für »Holunder« oder auch »ältere Ahnfrau«).

Da der Holunder der Schwellenhüter ist, ist Holle die Portalhüterin für die Geburt der ungeborenen Seelen vor ihrer nächsten Inkarnation. Sie achtet durch beständiges Rühren in ihrem Kessel darauf, dass die ins Licht gegangenen Seelen genau zum richtigen Zeitpunkt neu ins Leben treten. Sie wandelt das, was war, in das frische Neue um. Diese Wandelkraft, diese wilde, ins Licht drängende Kraft ist das, was auch den Holunder anregt, jedes Jahr neu auszutreiben und zügig zu wachsen.

Holle ist auch die Schutzgöttin der Handwerkskünste des Spinnens und Webens. Somit ist sie den Nornen sehr nahe, die die Fäden des Lebens weben.

Wie nutze ich die Persönlichkeit des Holunders für mich?

Der Holunder ist ein Baum von adligem Geschlecht. Das sieht man ihm nicht sofort an, denn auf den ersten Blick wirkt er unscheinbar. Da er häufig als Strauch vorkommt, fehlt es ihm an majestätischer Größe und Erhabenheit. Aber er ist sehr gewitzt und gleicht die manchmal geringe Wuchshöhe durch andere Qualitäten aus.

Er ist in jedem Hausgarten willkommen, da er als Heilbaum unabkömmlich ist. Seine Beeren ergeben verarbeitet einen unnachahmlichen Geschmack. Seine Fähigkeit, Krankheiten »herauszuziehen« und die Tatsache, dass er als Hüter der Schwelle zur Unterwelt präsent ist, machen ihn einzigartig.

Was kannst du vom Holunder lernen?

Du sollst dich nicht kleiner machen, als du bist. Deine rein physische Länge sagt nichts über deine wahre Größe aus. Wenn man dir eine Aufgabe gibt, versuche zunächst, zu separieren, welche Informationen wichtig sind. Schaue dir das Thema in Ruhe an, und frage auch dein Umfeld um Rat, wenn es ein ungewöhnliches Thema ist. Du kannst du dich auch vorerst zurückziehen und eine schamanische Reise machen, bevor du das Thema angehst. Gehe über deine Wurzeln in die Anderswelt, und nutze alle Quellen, die dir offen- und nahestehen. Finde vor allem die frische und neue Kraft, die dir dienlich ist, gib das Alte, Verbrauchte und Kranke ab, und wandle es in gesundes und kräftiges Sein.

Du kannst mit dem Holunder an all deinen Problemen und Herausforderungen arbeiten. Nutze die enorme Regenerations- und Wandelkraft, die er selbstlos anbietet. Damit deine kleinen Rituale von Erfolg gekrönt sind, nimm aber stets Opfergaben mit, die du am Stamm des Baumes für die Wesen des Ortes hinterlässt, damit dein Thema gehört und aufgelöst wird. Um Hilfe zu bitten, ist legitim.

Als Holunder-Mensch verfügst du über Fähigkeiten, die Wege der Heilung zu finden. Dein Wesen ist zart und durchscheinend wie die weißen Blüten des Holunders im Frühjahr. Dadurch kannst du zwischen den Welten wandeln und erhältst die Fähigkeit des »Zaunreitens«.* Meist ist dein Wissen und Können tief in dir versteckt, und du offenbarst es nur, wenn es wirklich gebraucht wird. Möglicherweise kennt man dich als bescheidenen Menschen, der erst schweigt und überlegt, bevor er sich hervorbringt. Wahrscheinlich hast du ein natürliches Gespür für die Zusammenhänge der Magie.

Erlebe den Holunder

REISE ZU DEINER BESTIMMUNG ALS HEILER

Als Übung wollen wir eine mentale Reise zur Göttin Holle machen, die uns in die Unterwelt zur Gruppenseele führen wird. Suche dir einen Holunderbaum in deiner Umgebung. Schaue dir den Baum an, und erfasse mit allen deinen Sinnen seine Erscheinung. Betrachte seine Silhouette, nimm den Geruch der Blätter und der Rinde wahr, bewundere die feinen Verästelungen und den starken Hauptstamm. Nimm nun Kontakt zum Baumgeist auf. Bitte ihn um Erlaubnis, näher treten zu dürfen. Lege dann deine Hände an den Stamm. Lasse deine Fingerkuppen über die Rinde fahren, lies den Baum mit deinen Händen. Setze dich, sobald du das Gefühl hast, dass du Kontakt hergestellt hast und in der Baumenergie angekommen bist, mit dem Rücken an den Stamm, und visualisiere ein Loch zwischen den Wurzeln. Erweitere den Durchmesser dieses Loches so weit, dass du bequem hindurchpasst. Sieh vor deinem inneren Auge, wie sich das Loch nach hinten weiter öffnet und zu einer tunnelartigen Röhre formt. Diese Röhre führt hinab in die Tiefe. Setze dich auf ein Stück dickes Leder, das mit der glatten Seite vor dir auf dem Erdboden liegt. Du schließt die Augen, und sofort gleitest du auf dem Leder sanft in die Röhre und durch sie in die Tiefe. Unten angekommen, orientierst du dich zuerst. Schaue dich um. Möglicherweise wartet ein Wesen oder Krafttier auf dich. Bitte es, dich zu begleiten. Visualisiere deinen persönlichen Schutzmantel, und lege ihn um. Begib dich nun zu Fuß auf den Weg zu Holle, der Göttin und Hüterin des

* Mit »Zaunreiten«, abstammend von Hagazussa/Hexe (die auf dem Zaun reitet), wird die Fähigkeit und Technik bezeichnet, zwischen dem Hier und Jetzt und der Anderswelt zu wandeln und so beide Seiten zu verbinden. Dies wird genutzt, um verborgenes Wissen und Zusammenhänge ins Bewusstsein zu bringen.

Holunderbaumes. Deine Begleitung kennt instinktiv den Weg. Du folgst ihr, ohne zu zögern, durch das Labyrinth der Gänge.

Der Holunder steht für das alte Wissen, er kennt die Heilkraft, die den keltischen Bäumen traditionell zugeordnet ist. Du erreichst eine Höhle, und du erkennst Frau Holle, die an ihrem Kessel steht, unter dem ein Feuer flackert. Sie wendet sich dir zu und sagt: »Willkommen, Fremder, was ist dein Begehr?« Du erwiderst freundlich, dass du gekommen bist, weil der Heilbaum Holunder dich als seinesgleichen anerkannt hat. Du bist hier, weil du weißt, dass du hier die Information deiner Gruppenseele bekommst. Die Gruppenseele, zu der du gehörst, ist Teil der allumfassenden Seele, die sich dem körperlichen Heil verschrieben hat. Du bist eingeladen, hier an Ort und Stelle von der Geistigen Welt eine Einweihung zu erhalten. Es ist eine Einweihung in die geistigen Heilreiche, die weder nach Herkunft fragen noch nach sozialem Status oder Erfahrungen in Bereichen des Heilwerdens. Diese Heil-Weihe hat dich im physischen Außen gerufen und dich an diesen Ort geführt.

Lasse dich jetzt auf den Moment der Ruhe und Achtsamkeit ein. Du erlebst den inneren Austausch mit den nun spürbaren Energien. Du kannst dich komplett darauf einlassen – hier bist du sicher. Bleibe mindestens fünf Minuten in der Stille. Möglicherweise bekommst du Botschaften von Frau Holle, lausche ihr, und nimm die Botschaften in dich auf. Solltest du nichts vernehmen, ist das auch in Ordnung. Deine Einweihung erfolgt still und unspektakulär. Sobald die Sitzung beendet ist, wirst du von Frau Holle ein deutliches Zeichen bekommen, dass du jetzt wieder zurückkehren sollst. Du siehst neben dir eine Tür. Durchschreite sie, und du wirst dich Augenblicke später wieder im Hier und Jetzt befinden.

Was kann mich bei der Arbeit unterstützen?

Runen des Holunders

OTHALA bewahrt das alte Heilwissen. In Verbindung mit den überlieferten Riten steht sie besonders dem Holunder zur Verfügung, um zu wirken.

KENAZ ist die kosmische Leuchtfackel, die die Aufmerksamkeit fokussiert. Wenn du mit Frau Holle arbeitest, solltest du absolut klar sein.

INGWAZ schenkt das Urvertrauen, das dich mit der Schöpfung verbindet. Die Überlieferung erzählt, dass Frau Holle alle, die ihr Gaben übergeben haben und ihren Regeln entsprechend lebten, reichlich mit Geschenken überschüttet und gesegnet hat. Die **INGWAZ** als Wunscherfüllungsrune unterstützt die Manifestation dessen, was benötigt wird.

Mineralien des Holunders

Der **AVENTURIN** wirkt auf Geist und Seele und bringt harmonische Strukturen hervor. Er lädt dich mit Energie auf, festigt die Aura und bringt sie zum Strahlen.

Der **TURMALIN** wirkt auf der körperlichen Ebene und stärkt Muskeln und Nerven.

Der **ROSENQUARZ** ist herzstärkend und wirkt positiv auf den Kreislauf, die Verdauung und die Fortpflanzungsorgane. Kurzum: Er steigert die Vitalität und die mentale Gesundheit.

Eibe

Mond der Bäume

NOVEMBER

»Geist der Eibe, zeige mir, wie ich die richtige Wahl treffe beim Sammeln meiner Vorräte und wie ich sie am besten nutzen kann. Lasse mich aus der Fülle des Seins schöpfen und Neues entstehen lassen.«

Wissenswertes zur Eibe

Jahreszeitliche Betrachtung – welche Zeit hütet die Eibe?

Das Jahr neigt sich dem Ende entgegen, die Natur zieht sich für die dunkle Zeit zurück. Wir Menschen erinnern uns an unsere Verstorbenen. Die Zeit der Eibe, der Hüterin von Tod und Leben, beginnt beim elften Neumond im Jahr, dem Neumond im November. Die mystische Stimmung von Nebelschwaden bestimmt diesen Monat, nasskalte Regentage im Wechsel mit nur noch kargen Sonnentagen, die uns helfen, uns an die lichtvolle Zeit des vergangenen Jahres zu erinnern. Die Eibe ist eine Schwellenhüterin. Häufig findest du sie auf Friedhöfen.

Biologische und physikalische Betrachtung der Eibe

Gemeine Eibe, Taxus baccata

Die Eibe wird meist zur Gattung der Nadelbäume gezählt. Wegen ihrer besonderen Botanik erklären manche Wissenschaftler die Eiben allerdings zu einer eigenen Gruppe neben Nadel- und Laubbäumen. Fast alle Teile der Eibe sind giftig, selbst das Verräuchern ihrer Rinde ist nur in geringen Mengen zu empfehlen. Die Bäume sollten nur mit Handschuhen angefasst werden, und danach sollte man sich immer die Hände waschen. Eiben können sehr alt werden. In Wales (Großbritannien) stehen zwei Eiben auf einem Kirchengrund, die laut Überlieferung bereits 4500 Jahre alt sind. Eiben werden zwar selten höher als zehn, maximal 20 Meter, dafür ist ihr Stammdurchmesser meist beachtlich.

Nur die weiblichen Bäume mit ihren roten Beeren an der Astunterseite erzeugen neue Setzlinge. Bestäubt werden sie durch die gelben Pollen der

männlichen Bäume. Stehen weibliche und männliche Eiben nicht nah genug beieinander, ist die Verbreitung nur durch Vögel möglich. Sobald diese sich im Schatten von Eiben niederlassen und die Kerne der verdauten Beeren anderer Eiben wieder ausscheiden, sorgt die Natur dafür, dass die Eiben weithin verteilt werden. Fallen die bestäubten Beeren zu den Wurzeln des Baumes, entstehen neue Ableger. Diese wachsen in die Richtung des Mutterstammes, um letztlich wieder mit ihm zu verwachsen. Dieses Verhalten erklärt die häufig zerklüftete Stammform einer Eibe. Sie legt sich auf diese Weise einen immer dickeren »Gürtel« um ihren Stamm und wird so zusätzlich verstärkt. Häufig sind Eiben mit einem Alter von mehr als 1000 Jahren anzutreffen, deren Stamm innen hohl ist. Während andere Bäume eingehen würden, stört es die Eibe nicht, denn ihre »Kinder« stärken ihren Stamm. Auf diese Weise sind schon Eiben gewachsen, deren Stammumfang mehr als zehn Meter beträgt. Doch solch ein Umfang braucht Geduld und besonders gute Wachstumsbedingungen.

Auch wenn viele ihrer Teile giftig sind, hat die Eibe Fressfeinde. Während für die meisten Lebewesen bereits kleine Pflanzenteile tödlich sind, ist ein junger Eibensprössling für Rotwild eine Delikatesse, und Wiederkäuer sind unempfindlich gegen das Eibengift, Pferde dagegen sterben bereits von einer Handvoll Eibennadeln und noch geringeren Mengen der Beeren. Mit ihren weit unten am Stamm ansetzenden Ästen kann die Eibe ihre jungen Triebe vor dem Rotwild schützen. Außerdem bieten diese Äste den Tieren im Winter einen Unterschlupf vor der Kälte. Da eine Eibe sehr langsam wächst und häufig bis zu zehn Jahre braucht, um eine Höhe von zwei Metern zu erreichen, läuft sie leicht Gefahr, gefressen zu werden, bevor ihre Existenz richtig losgeht. Hat sie aber diese kritische Phase überstanden, kann sie kaum noch etwas ernsthaft gefährden. Die Wurzeln der Eibe wachsen sehr tief in den Boden, und damit überlebt sie selbst lange Trockenphasen.

Überliefertes – Mythologie, Volksheilkunde, Handwerkliches, Magisches

Schon die Römer erkannten die mystische Ausstrahlung der Eiben und fühlten sich in ihrer Nähe unbehaglich. Das Laub der Eibe, bestehend aus parallel stehenden Nadeln, ist häufig so dicht, dass wenig Licht hindurchdringt und man in einem Eibenwald kaum etwas sehen kann. Diese besondere Stimmung verunsicherte die römischen Soldaten. Am meisten jedoch störte sie, dass die keltischen Druiden ihre Treffen in den düsteren Hainen abhielten und sich in den teilweise hohlen Baumstämmen versteckten, um urplötzlich zum Angriff hervorzukommen. Da die Römer ebenfalls die gute Verwendbarkeit und Haltbarkeit von Eibenholz für den Bau ihrer Waffen erkannten, schlugen sie zwei Fliegen mit einer Klappe und holzten die alten Eiben ab. Auf diese Weise erhielten sie gutes Material und zerstörten

gleichzeitig die heiligen Stätten und den düsteren Unterschlupf der Kelten und ihrer Druiden.

Für die keltischen Druiden und auch für die Germanen waren die Eiben heilig. Erhielten sie von einer Eibe einen Ast, fertigten sie daraus ihre Bögen und Pfeile und später sogar Armbrüste, denn das Eibenholz enthält wenig Harz, ist dadurch elastisch und bricht nicht. Es ist ebenfalls besonders zur Herstellung von Dreschflegeln, Werkzeugstielen und Möbelverzierungen geeignet.

Die Kelten waren vertraut mit dem Umgang der giftigen Teile und tränkten mit dem Gift der Eibe, dem Taxin, ihre Pfeile und Speere.

Für die Germanen war eine Eibe wegen ihrer langen Lebensdauer ein Sinnbild für die Ewigkeit. Auch sie schätzten die mystisch anmutenden Eibenwälder, in denen immer eine schwere und ruhige Stimmung herrschte. Die Eiben wurden als Hüter der Übergänge in die Unterwelt und die Welt der Toten angesehen, daher wurde ein Platz zu ihren Füßen häufig für Beerdigungen ausgewählt. Gleichzeitig glaubten unsere Vorfahren, durch die Eiben einen besonders wirkungsvollen Schutz vor Verhexungen und bösen Geistern zu erhalten. Dem Glauben

nach waren die Bäume intensiv in den Zyklus von Sterben und Geborenwerden integriert, weshalb Verstorbenen ein Eibenast mit ins Grab gelegt wurde, der ihre Seele auf der Reise vor bösen Geistern schützen und so ermöglichen sollte, dass sie heil in das Totenreich hinübergleiten konnten.
Da Eiben als Schwellenhüter betrachtet wurden, stehen sie häufig auf Friedhöfen. Die Menschen glaubten, dass Eiben die Schwelle zum Totenreich bewachen und verschlossen halten. Seelen von Verstorbenen bleiben manchmal noch eine Weile in unserer Realität. Das hat verschiedene Gründe. Manchmal möchten sie noch sehen, wie ihre Hinterbliebenen den Abschied durchleben und überwinden, manchmal können sie nicht loslassen und glauben, noch Einfluss nehmen zu können. Auf jeden Fall suchen sie sich einen Ort, an dem sie verweilen können. Für alle diese Seelen öffnet sich die Eibe als Herberge, bis jene bereit sind, weiterzugehen und die Inkarnation endgültig abzuschließen.
Häufig sieht man die Seelen als Gesichter in der Rinde von Eiben, und nüchterne Betrachter glauben, es wären übliche Wachstumsformen. Doch ein paar Tage oder Wochen später findet man diese Gesichter nicht mehr. Dann hat die Seele ihr Erdenleben abgeschlossen und den Baum verlassen.
Die Kelten schöpften Kraft und Klarheit aus dem Zusammensein mit Eiben. Das alte, über viele Jahrhunderte gesammelte und erlebte Wissen ließ die Eibe für unsere Vorfahren als einen Baum der Geduld und ein Sinnbild für die Ewigkeit erscheinen. Diese Kraft war dem frühen Christentum ein Dorn im Auge. Die Kirche ließ den Umgang mit den Eiben verbieten und ordnete die Abholzung der Eibenwälder an.

Das Wesen der Eibe – die Eibe als Lehrerin

Eiben haben Zeit. Geduldig wachsen sie Millimeter für Millimeter. Sie wissen, dass sie erst viele Jahre wachsen müssen, bis sie außer Lebensgefahr sind, und vertrauen dem Lauf der Entwicklung. Werden sie vorher vom Wild gefressen, ist ihnen bewusst, dass sie dem Kreislauf des Lebens gedient haben. Eben diese lange Zeit des Wartens auf das sichere Leben macht sie manchmal schwermütig. Je älter der Baum jedoch wird, desto unbeweglicher ist er. Im Gegensatz zu vielen anderen Bäumen ist sein Stamm starr. Möglicherweise wächst ein junger Eibenschössling in Richtung des Stammes einer alten Eibe, weil er sehr gesellig ist und im Verbund Gleichgesinnter sein möchte. Da Eiben sehr alt werden können, haben sie oft viele Generationen und Leben miterlebt. Sie sind weise geworden und geduldige Beobachter. Sie mögen lebensfrohe Gesprächspartner, mit denen sie sich humorvoll austauschen können und die ihnen vom Leben außerhalb des Waldes berichten. Denn Eiben sind auch daran interessiert, mehr Wissen als nur das der Bäume zu erlangen. Oberflächliches Gerede ohne wirklichen Tiefgang lassen sie manchmal zu, doch Überhand darf es nicht nehmen, denn es würde die Weisheit einer Eibe nicht wertschätzen.

Traditionell erhielten Eiben die gleiche Achtung wie Eichen, beide waren wegen ihrer langen Lebensdauer und der damit verbundenen Weisheit hoch angesehen. Unsere Vorfahren waren eng mit den Bäumen verbunden und wussten um deren Heil- und Schutzkräfte. Eiben galten als Hüter der Schwelle, über die Neugeborene ins Leben kommen und über die Menschen am Ende des Lebens wieder in die Einheit aller Seelen zurückkehren. Vor mehr als 1000 Jahren gab es hier in Europa ganze Wälder voller Eiben, und dort eine Weile allein Zeit zu verbringen, war ein besonderes Erlebnis. Jetzt gibt es nur noch ganz wenige Eiben, und selten stehen sie so nah zusammen, dass man ihren Verbund als Wald spüren kann.

Wie nutze ich die Persönlichkeit der Eibe für mich?

Eiben sind sehr kraftvolle Begleiter und Lehrer bei der Rückführungsarbeit. Es gibt kaum einen besseren Baumgeist, um dich sicheren Geleits in die Tiefen deiner Vergangenheit zu begleiten. Du kannst darauf vertrauen, mit neuen Erkenntnissen ins Hier und Jetzt zurückzukehren. Die Atmosphäre in der Umgebung von Eiben wirkt meist düster und kühl, denn sie mögen lieber Halbschatten oder Schatten als pralles Sonnenlicht. Da sie häufig tief in den Wäldern vorzufinden sind, wird der Eindruck von Düsternis noch verstärkt. Das sind allerdings nur Äußerlichkeiten. Begegnest du nicht gerade einem depressiven Vertreter, findest du im Grunde des Herzens einer Eibe einen positiven Charakter.
Möchtest du mit einem weisen Baum philosophieren oder über theoretische Lebenskonstellationen reden, bist du bei der Eibe an der falschen Stelle. Sie hat viel erlebt und kann sich daran erinnern, wie das Leben vor bis zu zehn und mehr Generationen war. In ihr findest du einen Gefährten, der dich sicheren Fußes in frühere Leben und wieder zurück begleitet. Wegen ihrer unendlichen Lebensdauer glaubt die Eibe manchmal, dass es keine Zeit gibt, und vergisst, dass du andere Bedürfnisse hast als sie. Nimm

also zu einem Treffen mit Eiben auf jeden Fall ausreichend Essen und Trinken mit, am besten auch Kleidung, die dich wärmt und schützt, falls die Sitzung bis in den Abend oder die Nacht dauert. Gibt es einen Verstorbenen, mit dem du noch etwas klären möchtest, dann ist die Eibe ein guter Mediator. Sie weiß, wie man mit Seelen von Verstorbenen in Kontakt tritt. Im Zwiegespräch oder in der Begleitung durch eine Eibe wirst du viele Erlebnisse deines bisherigen Lebens, möglicherweise sogar früherer Leben, betrachten und erleben dürfen. Teile ihr deine Bitten mit, und sie wird wissen, was zu tun ist.

Genießt du die Nähe von Eiben und fühlst dich wohl bei ihnen? Dann bist du sicherlich ein Mensch mit Tiefgang und Standvermögen. Eiben-Menschen haben Geduld und wissen, dass sich alles in der richtigen Geschwindigkeit entwickeln wird. Dich umgeben meist jüngere Menschen und lernen von deinen Erfahrungen. Durch den Austausch erweiterst auch du deinen Horizont. Diese junge Lebendigkeit bewahrt dich davor, dich zu viel in deine Gedankenwelt zurückzuziehen und verhindert, dass du depressive Gedanken entwickelst. Du erkennst die Wichtigkeit deines Wirkens für die Gemeinschaft und weißt, dass alles seine Zeit erhält. Auch wenn der Tod häufig in deinem Leben in Erscheinung tritt, vermittelst du die Geborgenheit und Zuversicht der erfahrenen Lebensweisheit. Möglicherweise beschäftigst du dich mit Sterbebegleitung und Hospizarbeit, oder du unterstützt andere Menschen bei der Rückführung zum Ursprung ihrer ungelösten Probleme.

Erlebe die Eibe

In dieser Meditation kehrst du in einen Moment in deinem Leben oder auch eines früheren Lebens zurück, der als Startpunkt für ein Problem gesehen werden kann, das sich aktuell noch auswirkt. Überlege dir im Voraus, welches Muster in deinem Leben immer wieder auftritt und dich belastet. Traust du dich bestimmte Dinge nicht, oder begegnen dir immer wieder verschiedene Reaktionen, die du offensichtlich nicht selbst hervorrufst? Hast du verstärkt bestimmte Krankheiten, Partnerschafts- oder Finanzprobleme? Wiederholen sich deine Lebensthemen?
Du brauchst nicht den Grund für diese Situationen zu wissen oder zu ahnen, mache dir nur bewusst, wie es sich anfühlt, wenn sie wirken, und was sie bewirken. Diese Überlegungen dauern manchmal mehrere Tage bis Wochen. Was ist dir wichtig? Wofür brauchst du die Hilfe der Eiben? Mache dir Notizen. Irgendwann weißt du die richtige Formulierung für deine Bitte, dann schreibe sie auf.
Im Umgang mit Eiben gibt es nur einen kritischen Aspekt, den du beachten solltest: Sollte bei dir eine Depression diagnostiziert sein, dann prüfe, ob der Zeitpunkt für die Arbeit mit der Eibe der richtige ist. Da die Eibe, wie bereits erwähnt, eng mit den Übergängen des Todes und der Geburt verbunden ist, werden im Kontakt mit ihr möglicherweise Tore geöffnet, die deine Symptome verstärken könnten. Sei dir vor dem intensiven Einlassen auf die Eibenschwingung sicher, dass du unter allen Umständen ins Hier und Jetzt zurückkehren und gern wieder am Leben teilnehmen willst. Als Vorkehrung schreibe dir immer, wenn du dich meditativ auf die Eibenkraft einlassen möchtest, direkt davor folgendes Versprechen auf einen Zettel, und nimm ihn mit zur Eibe:

»Ich bin aktiv mit dem Leben verbunden.
Ich verspreche mir, körperlich und geistig,
mit allen Sinnen und auf allen Ebenen
wieder vollständig in dieses Leben
und in diesen Körper zurückzukehren.«

IN DEINE VERGANGENHEIT REISEN

Setze dich bequem und mit der Witterung angepasster Kleidung zu Füßen der Eibe auf den Boden, sodass du sie und ihren Stamm anschauen kannst. Bei dieser Meditation kühlt manchmal der Körper leicht ab, daher möchtest du dir vielleicht ein leichtes Tuch umlegen, selbst wenn die Temperaturen noch warm genug erscheinen. Atme zu Beginn der Übung dreimal tief ein und aus. Klopfe dir anschließend dreimal mit der Faust leicht auf dein Herzchakra, und lies dir dein Versprechen laut vor. Dann lege den Zettel zur Seite, und beginne.
Suche mit deinem Blick eine Stelle auf der Rinde der Eibe, die dir besonders auffällt. Behalte sie ab jetzt ständig im Blick. Anfangs musst du dich erst daran gewöhnen, deinen Blick mit möglichst wenig Zwinkern starr auf diesen einen Punkt gerichtet zu halten. Doch nichts lenkt dich ab. Du fixierst diese eine besondere Stelle an der Rinde. Sie ist dein Eintrittstor in die Schwingung der Eibe. Atme ruhig weiter, bleibe entspannt – die Eibe wird dich unterstützen. Sprich nun das aus, was du heute mit ihr klären möchtest. Bitte sie, dich an die Hand zu nehmen und zu leiten.
Es kann eine Weile dauern, bis die Eibe den Kontakt zu dir aufnimmt. Auch sie muss erst in der Zeitlinie nachsehen, wo die Antwort auf deine Bitte zu finden ist. Erinnere dich, dass die Zeit für die Eibe eine andere Bedeutung hat. Sie nimmt sich die Zeit, die es braucht.

Sei beim Starren auf die Rinde geduldig. Du wirst spüren, dass du die Umgebung um dich herum verändert wahrnimmst. Bilder steigen in deiner Erinnerung auf, und diese gehören bereits zu deiner Lösung. Möglicherweise hörst du Stimmen oder siehst Szenen, die dir bekannt vorkommen oder die sogar aus früheren Leben stammen. Lasse zu, dass die Arbeit beginnt. Schaue dir an, was du erleben sollst. Es kann sein, dass du eine der Personen in der Szene bist, dass du dich selbst von oben betrachtest oder auch durch deine eigenen Augen siehst. Lasse dich darauf ein. Du wirst die Erklärung für die Ursache deiner Bitte gezeigt bekommen und die mögliche Heilung erleben. Gefühle können aufsteigen, auch Tränen. Oder du musst lachen, dann löst sich gerade eine festhängende Emotion. Alles ist richtig, bleibe im Vertrauen, und lasse alles geschehen. Selbst wenn du nichts sehen kannst, keine Gedanken aufsteigen, keine Bilder kommen, so geschieht trotzdem ein Wandel in deinem Energiefeld.

Die Eibe wird dich deutlich fühlen lassen, wenn die Aufgabe erledigt ist. Entweder siehst du es selbst, oder du weißt es plötzlich. Dann ziehe deine Aufmerksamkeit von dem Punkt an der Rinde vollständig zu dir und in dich zurück.

Bewege dich jetzt. Recke deine Beine, deine Arme, deine Schultern – mache dich locker und lebendig. Stehe anschließend auf, und bedanke dich bei der Eibe auf deine persönliche Art und Weise. Möchtest du dich noch ein wenig zu Füßen der Eibe hinsetzen und das Erreichte genießen? Iss und trinke etwas, damit dein Körper wieder Lebendigkeit spürt.

Kehre erst nach Hause zurück, wenn du ganz sicher wieder vollkommen in der Jetztzeit und der Realität angekommen bist. Fällt dir das schwer, dann tanze, hüpfe und singe. Lasse das Leben in deine Zellen herein!

Was kann mich bei der Arbeit unterstützen?

Runen der Eibe

ISA symbolisiert das Eis, den Stillstand, das Im-Moment-Sein. Die Rune lässt uns die Zeit in der Geschwindigkeit der Eiben erleben.

INGWAZ stärkt das Vertrauen in das Leben und die kosmischen Strukturen und lässt uns erkennen, dass wir gehalten werden, wenn wir uns trauen, neue Wege zu erforschen und uns auf die Experimente des Lebens einzulassen.

EIHWAZ steht für die Einweihung, die Erhöhung des Bewusstseins und das Erkennen des Mysteriums des Lebens. Die Rune unterstützt das Zulassen von Veränderungen, weil die Zusammenhänge klar erkennbar werden.

ALGIZ bietet Schutz und hilfreiche Grenzen. Die Rune ermöglicht die Errichtung eines heiligen Raumes für die eigene Entwicklung, in dem die Veränderung behütet erlebt werden kann.

Mineralien der Eibe

BERGKRISTALL verstärkt all das, was vorhanden ist. Wie mit einem Brennglas erweitert er den Blick auf das Wesentliche.

BERNSTEIN wärmt das Herz und den Hals. Er lässt uns bei aller Dunkelheit der Eibenpräsenz die Kraft der Sonne spüren.

RUBIN ist so rot wie das Blut, das innere Feuer, die Inbrunst. Er kann dich dabei begleiten, deine Leidenschaft zu entdecken. Das Mineral schwingt in der Farbe des alten Eibenholzes, das sich mit zunehmendem Alter rot färbt.

SCHIEFER ist ein sehr hartes Gestein, ebenso wie das Holz der Eibe sehr hart ist. Beides ist stabil und gibt dir Halt.

Birke

Mond der längsten Nacht

DEZEMBER

»Geist der Birke, führe mich, damit ich meinen Familienverbund mit jungfräulicher Unbekümmertheit nähren und umsorgen kann.«

Wissenswertes zur Birke

Jahreszeitliche Betrachtung – welche Zeit hütet die Birke?

Die Birke läutet den Mond der längsten Nacht im Dezember ein. Wenn Frost, Schnee und Raureif unsere Welt weiß färben, beginnt ihre Zeit. Sie ist ein Familienbaum und steht für eine reinigende und nährende Energie. An der weißen Farbe der Rinde ist die Birke schon von Weitem zu erkennen, sie leuchtet förmlich in der dunklen Zeit und erinnert uns daran, dass das Licht neu geboren wird und die Helligkeit wieder zunimmt. Sie zeigt die Jungfräulichkeit der Zeit, den Neubeginn des Lebenszyklus. Auf vielen Ebenen fördert sie das Wachstum und die Fruchtbarkeit. Deshalb dient sie in vielen Landesteilen als Maibaum und gilt als Stellvertreterin für den Phallus in der fruchtbaren Zeit des Jahres, dem Mai.

Biologische und physikalische Betrachtung der Birke

Birke, Betula

Die Birke ist sehr genügsam. Die meisten Bäume haben ihr Wachstum schon aufgegeben, wo die Birke noch ausreichend Versorgung findet. Sie möchte es hell und luftig haben und ist als Pionierbaum bis weit in den Norden Europas vertreten. Die frostharte Birke wird durchschnittlich zwischen 30 und 35 Meter hoch und bis zu 120 Jahre alt. Für einen Baum in ihrer Größe ist ihre Lebensdauer eher unterdurchschnittlich kurz. Ihre Silhouette wirkt schmal und feminin. Die dicke, luftgepolsterte Rinde wirkt stark isolierend und hält damit den Frost vom Stamm fern. Weht der Wind, sieht man häufig eine große

Wolke gelben Blütenstaubs aus den Ästen fortfliegen. Leider reagieren mittlerweile immer mehr Menschen auf die Birkenpollen allergisch, denn sie reizen die Atemwege.

Überliefertes – Mythologie, Volksheilkunde, Handwerkliches, Magisches

Die Birkenrinde ist zum einen gut formbar, zum anderen sehr wasserundurchlässig. Naturmagisch Arbeitende verwenden Birkenholz deshalb gern für die Herstellung hölzerner Trommelrahmen. Ihre Eignung als Ausgangsmaterial für Dachschindeln hat die Birke lange unter Beweis gestellt. Die gleiche Eigenschaft nutzten die Indianer Nordamerikas, die ihre leichten Kanus mit Birkenrinde abdichteten. In den nördlichen Ländern wurden Wintergamaschen für die Schneeschuhe und Wassergefäße aus Birkenrinde hergestellt. Aber auch unsere Vorfahren nutzten die teerhaltige Rinde zum Kleben von Pfeilspitzen, zum Abdichten von Behältern und zum Imprägnieren der Kleidung.

Zum Bauen kommt Birkenholz nicht so sehr infrage, dazu ist es zu weich. Sehr wohl aber eignet sich die Birke als Brennholz. Selbst nass und klamm lässt sich das Holz gut entzünden, denn es enthält viel ätherisches Öl. Häufig findet man auch den Zunderschwamm an der Birke, eine Pilzart, die sich mit

den Funken eines Feuersteins leicht entzünden lässt und das Anzünden von Feuerholz erleichtert.
Aus Birkenzweigen fertigt man bis heute Reisigbesen, mit denen Unrat und Dreck auf den Höfen zusammengefegt werden. Symbolisch wird das Fegen mit einem solchen Besen eingesetzt, um Schutz gegen astrale, unfreundlich gesinnte Wesen zu erreichen. Man kehrt förmlich die schlechten Energien zum Haus hinaus. Das kann gut mit einem Ritual zum Jahreswechsel oder zum Neumond verbunden werden. Dann werden die überholten Gedanken, Glaubenssätze und negativen Erfahrungen gleich mit entsorgt.

Über Hof- und Haustüren aufgehängte Birkenzweige sollen Hexen fernhalten. Wenn man das Vieh mit Birkenreisern abreibt und beim Viehauftrieb mit Birkenästen auf die Weiden lenkt, soll auch dieses vor Verhexungen geschützt sein.
Die Birke steht für Mutterschaft und Geburt. Es war lange üblich, die Kinderwiegen aus ihrem Holz anzufertigen, um sie so sinnbildlich im Schoß von Mutter Natur zu hüten.

Die wohl bekannteste Verwendung der Birke ist die als Maibaum, weil sie für Lebendigkeit, Anmut und Leichtigkeit steht. Der Tanz ihrer dünnen und beweglichen Äste im Wind wirkt feminin und geschmeidig und stimmt die Menschen heiter. Birken wachsen sehr schnell und vermehren sich leicht. Daher trifft man die Birke häufig an und findet ausreichend junge Birkenstämme für die Tradition des Maibaumstellens, bei der Männer ihrer Angebeteten in der Nacht auf den 1. Mai einen jungen Maibaum vor das Haus bringen. Im Zuge der Emanzipation wurde dieser Brauch ein wenig aufgeweicht, sodass in Schaltjahren die jungen Frauen ihrem Auserwählten den Maibaum setzen dürfen. Auch wenn im Rahmen der Christianisierung die Kirche diese Traditionen unterbinden wollte, hielten die Germanen doch an ihren Festen, zu denen die heidnischen Götter verehrt wurden, fest. Die Kirche rief daraufhin als Kompromiss die Maiprozessionen zu Fronleichnam ins Leben, um den Anlass zu ihren Zwecken zu nutzen. Die Wegesränder werden in katholischen Gegenden noch heute dazu mit Birkenreisern und Büschen geschmückt.

Die Birke fühlt sich vor allem am Moor oder am Wasser wohl und wirkt besonders auf die Flüssigkeitsabläufe im Körper unterstützend.
Ein Tee aus Birkenknospen ist entzündungshemmend, harntreibend, fiebersenkend und anregend für Blase und Nieren. Beschwerden

wie Rheuma, Gicht oder Arthritis können damit behandelt werden. Ein Tee aus Birkenblättern soll als Waschung den Wuchs und die Stabilität der Haare sowie eine gesunde Kopfhaut ohne Schuppen fördern. Die anregende Wirkung nutzt man auch zwischen Saunagängen und während Schwitzhüttenzeremonien, indem man aus Birkenreisern kleine Büschel fertigt und mit diesen leicht auf die Haut schlägt, um somit die Durchblutung und Hautreinigung in Gang zu setzen. Ebenso herrscht in einigen Gegenden der Brauch, aus frischen Birkenzweigen eine Rute zu binden, um mit dieser »Lebensrute« symbolische Schläge auf Personen und Vieh auszuführen. Man glaubt, dadurch die Geschlagenen für ein Jahr vor Krankheiten zu schützen. Diesen Brauch nennt man »Pfeffern« – er soll nicht nur schützen, sondern auch die

Lebensgeister anregen und die Fruchtbarkeit stärken.
Für die alten Germanen waren Birkentee und Birkensaft ein Schönheitsmittel, das die Jugend erhielt. Birkensaft wird über eine Bohrung im Stamm gewonnen. Wenn du diesem Brauch folgen möchtest, nutze deine eigene Birke im Garten, oder hole dir die Erlaubnis eines Försters ein. Vor allem aber frage die Birke, was sie davon hält.

Das Wesen der Birke – die Birke als Lehrerin

Die Birke als Baum des Lichts, der Jugend, der Reinheit und der Sinnlichkeit, der Freude und der Kreativität ist liebenswürdig und schön anzuschauen.
Sie steht für einen lebhaften, ungezwungenen Umgang und stellt sich ohne Probleme auf neue Situationen ein. Durch ihre genügsame Art ist sie bei aller Schönheit doch recht anspruchslos. Sie wächst bisweilen als Solitär an Seen, Flüssen oder in weiten Ebenen. Dadurch hat sie genügend Abstand, um Menschen, andere Bäume oder Situationen objektiv zu betrachten und sich einen eigenen Eindruck zu verschaffen.
Die Birke ist äußerst sozial, sorgt für sich selbst und geht Streit und Stress aus dem Weg. Sie mag ein harmonisches Miteinander, opfert sich gern auf für andere und stellt sich selbst selten in den Vordergrund. Dies ist ein Grund, warum eine Birke auch häufig mit anderen Birken ganze Wäldchen bildet, in denen es fröhlich zugeht. Sie ist ein ehrlicher und selbstsicherer Baum, der als Partner jederzeit mit Rat und Tat zur Seite steht.
Birken sind intelligent, haben starke visionäre Kräfte und sind kreativ. Ihre quirlige Neugierde und Jungfräulichkeit ermöglichen dir im Austausch mit ihnen, neue Wege zu erkennen und den Mut zu finden, diese zu gehen.
Auch in Indien und Sibirien wird die Birke als Quelle der Jugend und als nährende Instanz gesehen. Vor allem aber verbildlicht wie kein anderer Baum die Birke die Göttin Brigid. Die Kelten wie die Germanen sprachen von der Göttin des Lichts, der hellen, strahlenden Frau, verkörpert durch Brigid oder Freya. Analog wird in Tibet diese Gottheit als weiße Tara verehrt. Tara ist die Göttin der Erleuchtung. Wir menschliche Wesen sind Licht und Schwingung, daher ist es nachvollziehbar, Göttern, die das Licht verkörpern, zu huldigen.

Wie nutze ich die Persönlichkeit der Birke für mich?

Die Birke bringt Bewegung in festgefahrene Strukturen. Ihre Zeit läutet die Wiederkehr des Lichtes ein. Sie erhellt und belebt das Grau und die Dunkelheit in der kalten Jahreszeit. Ihre Leichtigkeit und ihr quirliges Wesen bewegen all das, was erstarrt und festgefroren war. Als Pionier wagt sie sich in Bereiche vor, in denen noch niemand war, und ermöglicht die Ausdehnung in neue Gebiete. Das schafft sie, während andere Lebewesen in ihrem Umfeld noch tief im Winterschlaf versunken sind.
Ihrer physischen Lebensweise entsprechend unterstützen dich Birken dabei, vergrabene Wünsche aus den Tiefen deines Unterbewusstseins nach oben zu bringen. Wachstum ist ihre Stärke. Sie animiert dich, Neues anzugehen und Gleichgesinnte zu suchen, mit denen du deine Ideen und Gedanken austauschen kannst. Zusätzlich schenkt sie dir die Ruhe, deine Pläne gelassen und mit Abstand zu überprüfen. Da die Birke weiß, rechtzeitig mit etwas zu beginnen, hat sie immer ausreichend Zeit, die Entwicklung sanft zu lenken und abzuwarten, was geschieht. Fühlst du einen zu großen Druck auf deinen Schultern lasten und weißt nicht, wie du beginnen sollst? Dann hole dir den Rat einer Birke ein! Ihre Lebenskraft wird auch auf dich überspringen und dir als Ansporn dienen.

Birke-Menschen sind auffällig lebensfroh. Ihr Tatendrang und ihre Spontaneität sind deutlich spürbar. Fängst du auch gern Neues an und kannst es kaum abwarten, so verfügst du über Birke-Qualitäten. Möglicherweise beschreibt man dich als verträumt, als wärst du manchmal nicht ganz im Hier und Jetzt. Das ist nur der Eindruck, den du erweckst, wenn du mal wieder vorausschauend die Bilder deiner Visionen verfolgst. Dein Talent liegt darin, Menschen zu begeistern und zu ermutigen, ihren inneren Impulsen zu folgen. Und bei der Umsetzung bist du gern dabei.

DIE BIRKENKRAFT NUTZEN

Spätestens mit dem Neumond im Dezember kannst du die Statur der Birke gut erkennen. Die Herbststürme haben dafür gesorgt, dass die Birke Äste und Reiser abgeworfen hat und du die für dich passenden auf dem Boden findest. Ist kein Ast oder Zweig dabei, den du für deine Vorhaben brauchst, so kannst du ein Zwiegespräch mit der Birke führen und um Erlaubnis bitten, dir einige Reiser abzuschneiden. Jetzt, da sie von allen Blättern befreit ist, kannst du gut wählen. Aus den Birkenreisern kannst du einen Jahreskranz für den Start ins neue Jahr formen oder einen Adventskranz gestalten, der symbolisch für den Neubeginn steht. Durch die reinigenden und stärkenden Aspekte der Birke intensivierst du den Neubeginn im neuen Jahr. Du kannst die Reiser auch auf Vorrat sammeln, sodass du im kommenden Jahr für alle keltischen und germanischen Brauchtumsfeste jeweils einen geeigneten Kranz herstellen kannst.

Sammle ein paar Knospen, in ihnen steckt ganz besonders reinigende Birkenkraft, denn das Birkenwasser transportiert über die Wurzeln gesammelte Wirkstoffe in Knospen, Blätter und Astwerk. Den richtigen Zeitpunkt zum Sammeln erkennst du, wenn an der Spitze der Birkenknospen ganz kleine grüne Triebe zu finden sind. Ab jetzt für ca. drei Wochen ist der Flüssigkeitskreislauf in der Birke stark angeregt. Halte dein Ohr an den Stamm einer Birke, und du kannst den Birkensaft aufsteigen hören, bereits schon, wenn um dich herum noch Frost und Schnee herrschen. Nimm von einem einzelnen Ast nie mehr als zehn bis 20 Prozent der Knospen, und beachte, dass nur wenige von diesen ausreichen, um mit Alkohol versetzt eine starke Tinktur herzustellen, die dann behutsam dosiert in Cremes, Tees oder Waschungen ihre Wirkung entfalten kann. Für ein gutes Massageöl kannst du die Knospen auch mit Jojobaöl übergießen, für zwei Wochen an der Sonne ziehen lassen, abseihen und dann mit Beimengungen einiger Tropfen von ätherischen Ölen »veredeln«. Folge dabei deinem persönlichen Geschmack. Auch getrocknet und gemahlen als Salatzusatz oder aufs Brot ist die Wirkung spürbar. Bis zum Fünf- bis Sechsfachen der üblichen Harnflüssigkeit kann entstehen und damit den Körper entschlacken und Giftstoffe ausleiten. Unterstütze diese Prozesse der Ausleitung, indem du deinen Körper mit ausreichend viel Wasser versorgst.

Sobald die ersten Sonnenstrahlen erscheinen, wachsen sofort die Blätter der Birke. Haben sie sich voll entfaltet, kannst du sie sammeln und trocknen. Wenn du eine innerliche Kur mit den Blättern machen willst, trinke bis zu dreimal täglich ein Glas Tee über ca. drei Wochen. Pro Tasse Tee benötigst du ca. zwei Teelöffel zerstoßene getrocknete Blätter oder zwei bis drei frische Blätter. Sowohl Blätter als auch Blüten sollten sofort getrocknet werden, um sie haltbar zu machen, entweder auf einem Tuch auf der Heizung oder bei 40 Grad Celsius im Backofen mit offener Backofentür. Der sich dann ausbreitende Duft kommt von der hohen Konzentration an ätherischen Ölen.

Die dritte Möglichkeit ist, das im Holz aufsteigende Birkenwasser abzufangen. Hierfür solltest du nur deine eigenen Birken nutzen – wenn du sie um Erlaubnis dazu gefragt hast und sie dir diese gegeben haben. Gib dem Baum ausreichend Zeit für seine Entscheidung. Birkenwasser kannst du auf zwei Arten abzapfen: Entweder bohrst du in ca. einem Meter Höhe ein drei Zentimeter tiefes, kleines Loch von einem halben bis einem Zentimeter Durchmesser, steckst ein Röhrchen hinein, das genau passt, und fängst den auslaufenden Saft in einem Behälter auf. Oder du fängst bei deinem jährlichen Astschnitt den auslaufenden Saft aus einem der Äste auf. Wähle hierfür einen fingerdicken Trieb, an dessen Ende viele Knospen sind. Fixiere dann eine Flasche mit Klebeband an dem abgeschnittenen Ende des Triebes und fange so den Birkensaft auf. Zapfe nicht mehr als zwei bis maximal drei Liter ab. Bleibe währenddessen anwesend, denn es fließt sehr schnell sehr viel Birkensaft aus dem Stamm. Überlege dir bereits im Vorfeld, womit du das gebohrte Loch wieder verschließen kannst. Gut geeignet sind Baumharz oder ein Holzpfropf.
Der Birkensaft wirkt besonders unterstützend bei Beschwerden des Harntraktes und der Nieren, bei Rheuma, Gicht, Fieber und Hautproblemen sowie Steinen und Ablagerungen in Niere und Blase. Als Kur kannst du 50 Milliliter pro Tag über drei Wochen hinweg pur einnehmen. Um den Geschmack zu verändern, eignet sich die Beimischung von Zitronensaft. Bewahre das Birkenwasser im Kühlschrank auf, da es sonst schnell gärt. Um für das ganze Jahr mit diesem Naturmittel für Waschungen, Mundpflege und die Behandlung von Hautunreinheiten versorgt zu sein, mische ein Drittel hochprozentigen Alkohol hinzu.

Was kann mich bei der Arbeit unterstützen?

Runen der Birke

Die Rune **BERKANA** steht für Neubeginn und Geburt. Ihre Kräfte wirken nährend und gebärend und symbolisieren, neben der Geburt neuer Ideen, Mutterschaft, Kindheit und Behütetsein. Die Form der Rune erinnert an die Brüste der Mutter Natur.

TIWAZ zeigt, wofür dein Herzblut fließt. Aufgerichtet, für sich einstehend, hält die Rune deine persönliche Energie aufrecht. Sie steht auch für den Pfeil deiner Pläne. Wohin willst du diesen schießen, was ist deine Richtung, wohin lenkst du deine Aufmerksamkeit?

Mineralien der Birke

Der **SMARAGD** steht für Schönheit, Harmonie und Gerechtigkeit sowie auf der geistigen Ebene für Gleichgewicht und Klarheit. Der ausgeruhte Geist kann die frei bleibende Energie für neue Pläne nutzen.

Der **MONDSTEIN** fördert die Intuition und die emotionale Intelligenz. Das Einfühlungsvermögen, speziell auf der weiblichen Ebene, wird verstärkt. Er harmonisiert Zyklen und kann uns dabei unterstützen, unser Handeln an die Gegebenheiten anzupassen. Gleichzeitig gleicht er Schwankungen und Ungleichgewicht im weiblichen Zyklus aus.

Eberesche

Mond des Eises, der 13. Mond

ALLE DREI JAHRE IM DEZEMBER

»Geist der Eberesche,
führe mich in das
Spiegelkabinett
meiner Seele, damit
ich mich erkenne.«

Bei dem Austausch des Kalenders auf den heute üblichen gregorianischen Kalender wurde die Einteilung vom natürlichen Mondzyklus abgeschnitten und das Jahr in zwölf Monate eingeteilt. Wenn sich der Jahreskreis mit der Vollendung des zwölften Neumonds schließt und mit der Zeit der Birke eigentlich wieder von vorn beginnt, kommt es dadurch alle drei Jahre zu einer Besonderheit: Wir haben zwei Neumonde in einem Kalendermonat, sodass sich das Kalenderjahr in 13 Mondzyklen teilt. Die Zeit dieses besonderen 13. Neumonds hütet die Eberesche.

Wissenswertes zur Eberesche

Jahreszeitliche Betrachtung – welche Zeit hütet die Eberesche?

Die Eberesche gehört zu den Bäumen, die im Jahr am längsten ausharren. Selbst im tiefsten Winter finden wir noch die leuchtend roten Beeren, die den hier überwinternden Vögeln Nahrung bieten. Je nach Region wird deshalb die Eberesche auch Vogelbeere genannt. Bereits zum Ende des Sommers im August oder September reifen die Beeren heran. Auch wenn die einzelne Beere nur ca. einen Zentimeter groß wird, entwickeln sich dichte und handtellergroße Büschel, die, ähnlich den Johannisbeeren, an einzelnen Stielen eng aneinanderhängen. So ergeben die kleinen Beeren zusammen ein sehr präsentes Gebilde.

Biologische und physikalische Betrachtung der Eberesche

Eberesche, Sorbus aucuparia

Die Eberesche bleibt recht klein, sie wird meist nicht höher als 15 Meter. Steht sie frei, nutzt sie manchmal diesen Raum und wächst auch bis zu 25 Meter hoch. Ihre Äste sind dünn und biegsam, die Blätter lang und fedrig wie ein Palmwedel. Sie ist eine Meisterin der Farbenpracht. Im

Frühjahr ist ihr Laub zartgrün gefärbt. Die weißen Blütendolden im Mai bringen auch an trüben Tagen das Licht ins Bewusstsein, und am Ende des Sommers färben sich die Beeren korallenrot. Im Spätherbst schließlich färbt sich das Laub orange, bevor es abfällt und nur noch die weithin lockenden, rot leuchtenden Beeren übrig lässt. Am Anfang ihres Lebens will die Eberesche schnell hoch hinaus. Sie wächst aufrecht und schmal, ist neugierig und will alles überblicken. Und wenn sie genug hat, wächst sie in die Breite. Am Ende der impulsiven Wachstumsphase hat sie eine eher kugelige Wuchsform erreicht.
Die Eberesche wird meist nicht älter als 80, in hohen Gebirgslagen manchmal auch bis zu 120 Jahre alt. In dieser Zeit hat sie aber bereits so viele Ableger gebildet, dass ihr Wissen weitergegeben werden kann. Bei der Vermehrung helfen ihr auch die Vögel durch die Ausscheidung ihrer Beerensamen.

Überliefertes – Mythologie, Volksheilkunde, Handwerkliches, Magisches

Irrtümlich wird heutzutage behauptet, die Beeren der Eberesche seien giftig. Doch die Magenbeschwerden, die nach dem Genuss auftreten können, liegen an dem hohen Gehalt an Parasorbinsäure. Werden die Beeren gekocht, wandelt sich diese in die verträgliche Sorbinsäure um, und die Beeren können uns gut mit Vitamin C versorgen. Die getrockneten Blüten und Blätter helfen als Tee gegen Bronchitis und hartnäckigen Husten.

In der Volksmedizin hat die Eberesche einen hohen Stellenwert bei allem, was mit Ausleitung und Verdauung zu tun hat. Immer, wenn die natürlichen Ausscheidungen nicht losgelassen werden können, helfen Bestandteile der Eberesche mit ihrer Wirkung. Sie beenden stagnierende Zustände und bringen alles in Bewegung.
In der Küche werden die Ebereschenbeeren wegen ihres hohen Vitamin-C-Gehalts verarbeitet. Allerdings müssen sie immer gekocht

werden. Mus und Marmelade sollten mit Apfelsaft oder Ähnlichem verfeinert werden, damit sie nicht zu herb oder zu bitter schmecken.

Die Beeren der Eberesche galten für die Druiden als Speisen der Götter. Sie glaubten, dass die Götter besonders intensiv mit ihnen sprachen, wenn diese Gespräche unter Ebereschenzweigen stattfanden.
Unsere keltischen Vorfahren stellten Zauberstäbe und andere magische Gegenstände aus dem Holz der Eberesche her, da sie über viel Energie verfügt. Es wird erzählt, dass Gehstöcke besonderen Schutz bei Wanderungen in der Nacht schenken. Die lichtvollen Eigenschaften der Eberesche vertreiben dunkle Gestalten. Der Baum war Thor geweiht, dem Gott des Donners. Die Menschen glaubten, dass die roten Beeren Hagelkörner seien, die entstehen, wenn Thor seinen Hammer schwingt.

Die Bauern hatten einen engen Bezug zur Eberesche und ein tiefes Vertrauen auf ihre Wirkung. Der Baum half ihnen, die Namen der neugeborenen Tiere zu bestimmen, und an den Stalleingang gepflanzt, hielt er Schaden und Krankheit vom Hof fern. Es gibt viele Geschichten darüber, wie die Eberesche in früheren Zeiten lebendig verehrt und ins tägliche Leben eingebunden wurde. Besonders den roten Beeren der Eberesche werden magische Fähigkeiten nachgesagt. Um diese zu nutzen, werden die Beeren getrocknet, indem sie mit einer Nadel durchstochen und auf einen roten Faden aufgefädelt werden. Dadurch werden die Eigenschaften in den Beeren konzentriert. Ihre überschäumende Energie bringt stagnierende Prozesse wieder in Bewegung. Wenn du mit deinen Plänen vorankommen möchtest, denke darüber nach, und zerreibe gleichzeitig eine Beere zwischen deinen Fingern. Reibe das Beerenmehl besonders in die Handflächen. Deine Handchakras regen deine Hände dazu an, die Pläne in die Tat umzusetzen und ins Handeln zu kommen.
Rot ist die Farbe des besonderen Schutzes. Du kannst dein Heim vor Angriffen bewahren, indem du ein Schutzamulett aus der Eberesche herstellst. Nimm zwei dünne Zweige, und befestige sie so mit einem

roten Faden, dass sie die Rune GEBO darstellen, die Runenkraft für Balance, Harmonie und Ausgleich. Der Kreuzungspunkt stellt das Zentrum des Bereichs dar, den du schützen möchtest. Wickle nun um die Mitte einen Faden, auf den getrocknete Ebereschenbeeren aufgereiht sind. Stelle dir vor, wie der Ebereschengeist dein Heim mit seiner Schutzkraft umschließt und alles sicher und behütet ist. Hänge nun das Schutzamulett im Zentrum deines Zuhauses auf, und du bist für ein Jahr geschützt. Verbrenne nach zwölf Monaten das alte Amulett, es hat genug gedient. Fertige dir dann ein neues an.

Gib ein paar getrocknete Beeren mit in deinen Schutzbeutel, deinen magischen Mojobeutel* oder deine Witch-Bottle zur Unterstützung des Schutzes und der Abwehr.

Die getrockneten Beeren der Eberesche eignen sich auch hervorragend, um Räuchermischungen magisch zu beeinflussen. Für unsere keltischen Vorfahren schützten sie vor bösen Träumen. Mischungen mit Teilen der Eberesche stärken unsere Urteilskraft: Wir gewinnen die nötige Klarheit, um die richtigen Entscheidungen zu treffen. Die Eberesche unterstützt die weiteren Zutaten in der Räuchermischung und verstärkt deren Wirkung.

Ganz besonders fördert sie Räucherungen, die den Geldzufluss anregen und Wohlstand anziehen. Gib auch etwas getrocknete und gemahlene Rinde hinzu, und verräuchere die Mischung in Räumen, in denen du deine Geschäftstätigkeit ausübst. Du kannst mit dem Mehl der gemahlenen Beeren ein Stück Rinde einreiben und diese in die Kassenschublade, in deine Geldbörse und an alle Orte legen, an denen Geschäfte getätigt werden. Machst du deine Geschäfte per Telefon oder online, so lege ein kleines Schälchen mit gemahlenen Beeren und zerkleinerter Rinde auf deinen Schreibtisch. Deine Arbeit wird für alle Seiten harmonisch und auf fruchtbaren Boden fallen.

* Ein Mojobeutel ist meist ein Stoffbeutel mit bewusst ausgesuchten Gegenständen, die für den Besitzer geeignet sind, Schutz, Kraft und Energie aufzubauen und Schaden abzuwenden. Der Mojobeutel dient der Zentrierung auf das gewünschte Ergebnis.

Das Wesen der Eberesche – die Eberesche als Lehrerin

Die Eberesche ist lebensfroh und genießt freundliche Begegnungen und Verbindungen. Sie steht gern mit anderen Bäumen zusammen, die ihr vom Charakter ähneln, wie der Haselnuss. Eine Eberesche wirkt filigran, fast schon zu zart für die raue Wirklichkeit. Aber das täuscht. Sie ist lediglich in der Lage, sich den Gegebenheiten anzupassen und sich bei Angriffen wegzuducken. Aus diesem Grund findet man die Eberesche auch noch in den Bergen in 2000 Metern Höhe. Sie weiß, dass sie dort aus dem Fokus herausgerückt ist und gute Chancen hat, wachsen zu können.
Für die Eberesche sind Schönheit, Anmut und eine feine Ausstrahlung wichtig. Sie ist nicht eitel, und doch ist ihr wichtig, dass der Umgang mit ihr stilvoll verläuft. Grob und laut mag sie es nicht, das passt gar nicht zu ihrer eigenen feingliedrigen Gestalt. Kommst du ihr zu burschikos entgegen, verschließt sie sich, und du wirst lange brauchen, bis sie dir wirklich vertraut. So offen, wie die Eberesche anderen Wesen gegenübertritt, so zurückgezogen schützt sie sich vor energetischer Missstimmung. Im Grunde ihres Herzens ist die Eberesche ein lebensfrohes Wesen, das gern Spaß hat. Sie freut sich über Besuch und lockt deshalb die Vögel mit ihren Beeren. Außerdem ist sie eine gute Beobachterin und kann aus dem Gesehenen ihre Rückschlüsse ziehen und daraus lernen. Das ist für die Eberesche wichtig – lernen und lehren, ihr Wissen weitergeben.

Ihre größte Stärke jedoch ist ihre Nähe zum Leben. Sie ist fröhlich, lebendig und gesprächig. Weil sie sich in ihrer Art so offen zeigt, ist die Eberesche sehr beliebt und wird häufig in großen Gärten und Parks angepflanzt. Sie würde am liebsten den ganzen Tag lang mit dir witzeln, lachen und tanzen. Diese Eigenschaft verdankt sie ihrer Empathie. Sie spürt, was die Menschen brauchen, und findet sie nur ein kleines Fünkchen Lebensmut in ihnen, so schafft sie es, diesen zu einem nährenden Feuer zu entfachen. Die Eberesche möchte gleichzeitig aber auch alles von dir wissen und von allen anderen Wesen, die sie besuchen. Sie ist nicht oberflächlich neugierig, sie ist wirklich an dir interessiert. Sei dir also sicher, dass sie auf dich eingestimmt ist, falls du mit einem ernsten Problem bei ihr um Rat bittest. Allerdings vermischt sie durch ihr breites Interesse auch schon einmal die Fakten.

Die Offenheit der Eberesche wirkt quirlig und ansteckend. Bewundernswert ist dies, weil sie im Herbst und Winter erlebt, wie sich ein Baum nach dem anderen für die Winterruhe in sich zurückzieht, während sie bis zum Schluss die Stellung hält – bis die letzte Beere gegessen ist. Die Eberesche »macht das Licht aus« und schließt das Wachstumsjahr in dem tiefen Vertrauen verwurzelt, dass sie im nächsten Frühjahr wieder zur Stelle sein wird. Sie ist pflichtbewusst trotz ihrer Leichtigkeit und erkennt, wo Hilfe gebraucht wird. Hängst du in deinen Problemen fest, dann suche dir eine Eberesche. Sie weiß vielleicht keine Lösung, aber sie kennt den nächsten Schritt.

Wie nutze ich die Persönlichkeit der Eberesche für mich?

Die Stärken der Eberesche sind das Reden, das Zuhören und ihre Liebesfähigkeit. Hängst du zu sehr an vergangenen Erlebnissen und haderst mit deiner aktuellen Situation, dann holt dich die Eberesche aus deinem Grübeln heraus. Ist dein Herz schwer, dann erzähle ihr, wie es dir geht, und höre dir selbst beim Reden zu. Meist erkennst du dadurch das Muster, das hinter deinem Drama steht. In ihrer feinfühligen Art findet die Eberesche die Worte, mit denen du die Wahrheit erspüren kannst. Ein wenig wirken die Treffen mit der Eberesche wie der Kaffeeklatsch bei der besten Freundin. Du wirst viel lachen und dich fröhlich und leicht fühlen. Auf den ersten Blick erscheint das Treffen oberflächlich, und vielleicht wirkt die Eberesche auch ein wenig zerstreut. Doch wenn du dein Herz öffnest und sie hineinlässt, wirst du ihre übermächtige Liebe und Fürsorge für alle Menschen erkennen. Eine Eberesche gibt gern und reichlich. Möglicherweise verstehst du den Sinn hinter ihren Aussagen erst, wenn du wieder allein bist und alles noch einmal überdenkst. Die Eberesche will alle Menschen glücklich sehen, auch dich, und sie wird fast alles dafür tun. Mit ihrem Tiefgang und ihrer gleichzeitig liebenswerten Fröhlichkeit wird sie dafür sorgen, dass du die Leichtigkeit mitnimmst.

Als Mensch mit Eigenschaften der Eberesche bist du wegen deiner lebensfrohen Leichtigkeit sehr beliebt. Jederzeit fällst du auf. Dein Kleidungsstil ist auf keinen Fall dezent, womit du die Herzen der Menschen erfreust. Deine unkonventionelle Art, offen auf andere zuzugehen, schenkt den Menschen Mut, ihre eigenen Begrenzungen zu überprüfen. Auch in düsteren und schweren Momenten behältst du das Vertrauen in eine gute Weiterentwicklung. Du weißt immer, was zu tun ist, und vor allem, wer dies tun kann. An allem Neuen interessiert, bringst du auch frische Erkenntnisse in Umlauf. Dein umfangreiches Wissen hast du in den Begegnungen mit anderen Menschen gesammelt. Dein Weitblick lässt dich immer wieder die Zusammenhänge erkennen, bei all der Vielfalt behältst du den Überblick und kannst dieses Wissen verbinden. Gern bist du bereit, deine Einsichten weiterzugeben.

Erlebe die Eberesche

Neben der Unterstützung bei Liebesdingen und stagnierenden Projekten und Entwicklungen ist eine starke Eigenschaft der Eberesche der Schutz, den sie dir liefern kann. Für die Erstellung eines Schutzamulettes in der folgenden Übung benötigst du dünne, hellrote Wolle.

EIN SCHUTZAMULETT ERSCHAFFEN

Gehe zu einer Eberesche, möglichst zu einer, mit der du schon regelmäßig Kontakt hattest. Bringe ihr ein Geschenk von dir mit: ein Lied, etwas Likör, einen Tanz, ein Gedicht – etwas, was von dir selbst ist. Erkläre ihr, dass du gern ihren Schutz hättest und daher ein Stück von ihrem Holz brauchst. Jetzt ist der passende Moment, dein Geschenk zu übergeben.

Lasse ihr Zeit, sich zu entscheiden. Erhältst du ein Nein oder keine Antwort, dann bedanke dich, und komme zu einem anderen Zeitpunkt wieder. Bekommst du ein eindeutiges Ja, dann suche nach einer Astverzweigung, die die Form der Rune ALGIZ hat. Suche so lange, bis du ein ca. zehn Zentimeter langes Stück findest. Mehr braucht es nicht für deinen Schutzzauber. Frage die Eberesche, ob du dieses Stück bekommen kannst. Stimmt sie zu, halte es an dein Herz, und bedanke dich. Jetzt nimm die rote Wolle, und umwickle die unteren ca. zwei Zentimeter des Astes damit. Verknote das Ende, und schneide es ab. Jetzt umwickle ebenfalls den Schnittpunkt, an dem die beiden Seitenäste abgehen, mit der roten Wolle, und schneide auch hier das befestigte Ende ab.

Tritt jetzt an den Stamm heran, halte diesen Ebereschenast an den Stamm, und sprich:

»Deine Kraft wirkt für mich innerlich und äußerlich.
Dein Schutz auf allen Wegen wird bringen deinen Segen.«

Sieh jetzt vor deinem inneren Auge, wie dieser Ast für dich persönlich durch die Eberesche aufgeladen wird. Halte ihn so lange an den Stamm, bis du ein deutliches Signal spürst, dass er nun komplett aufgeladen ist. Umarme die Eberesche, und danke ihr von Herzen.

Nimm diesen Ast mit in dein Heim, und stelle ihn auf deinen Altar oder an einen besonderen Platz, an dem du dich häufig aufhältst, wo er aber auch vor unerlaubtem Zugriff geschützt ist.

Was kann mich bei der Arbeit unterstützen?

Runen der Eberesche

BERKANA steht für die Geburt und den Neubeginn. Diese Energie wirkt auch durch die Eberesche. Verharren in alten Strukturen ist nichts für sie. Sie will Entwicklung und Veränderung.

In der Rune **MANNAZ** wirkt das bewusste Handeln und das Erkennen dessen, was jetzt zu tun ist. Sie zeigt dir den nächsten Schritt, das, was erledigt und organisiert werden muss, damit die Entwicklung voranschreiten kann.

Mineralien der Eberesche

Der **RHODONIT** unterstützt dich in schweren Zeiten und hilft dir, mit jeder Lebenssituation umzugehen. Er schenkt dir die Leichtigkeit und den Mut, Veränderungen zuzulassen. In Extremsituationen, wenn der Schmerz groß ist, lässt er dich den Überblick behalten.

Der **RHODOCHROSIT** fördert deine Lebendigkeit und lässt dich jede Aufgabe leicht erledigen. Du wirst aktiver und erkennst dein wahres Selbst.

Resümee
von Peter Eckel

Eine Beschreibung der keltischen Bäume als Begleiter und Ratgeber in unserer heutigen Zeit, unter Berücksichtigung ihrer heilsamen Wirkung auf allen Ebenen: So war das Buchprojekt grob definiert. Für mich folgte in einer sehr spannenden Vorbereitung: Zusammenstellen der den jeweiligen Baum beschreibenden Eigenschaften, Sammeln von allerlei überlieferten Fakten, Mythen und Märchen, Einordnung der Bäume in das damalige Feld der Kelten und das heutige Feld in unserer modernen Gesellschaft hier in Mitteleuropa, Hineinversetzen und geistige Kommunikation mit den Baumhütern.

Und was da alles auf mich einwirkte beim Formulieren der richtigen Worte! Jeder Baum hat sich auf seine spezielle Art und Weise eingebracht. Die Bäume haben sich zwischen mir und Antara entscheiden dürfen, und es war spannend zu sehen, durch wessen Augen sie sich beschreiben lassen wollten. Wir sind ihrem Wunsch nachgekommen.

Einige Exemplare dieser alten Bäume gibt es in unserem Garten, andere sind uns im Laufe dieser Inkarnation an entscheidenden Stellen unseres Lebensweges begegnet. Und dann gibt es noch die sehr alten Vertreter ihrer jeweiligen Gattung. Bei dem ein oder anderen Baummethusalem darf man den Baum fragen: Kennen wir uns? Bin ich dir schon früher begegnet? Habe ich in deinem Schatten gelacht und gefeiert? War mir deine ausladende Krone Schutz und Schirm vor dem Wetter? Ist deine imposante Erscheinung in früheren Leben für mich ein Wegweiser für meinen Heimweg gewesen? Habe ich dir dereinst das Leben geschenkt, indem ich dich pflanzte, oder verlor ich vielleicht mein Leben in Reichweite deiner Aura? Wie anders wäre es erklärbar, dass das eine Kapitel flüssig von der Hand ging und das andere wiederum so schwerfällig? Jeder Baum brachte sich stets durch seine dominierenden Eigenschaften ein und zeigte mir auf, wo sich bei mir persönlich die jeweiligen Themen spiegeln.

Ich habe eine sehr intensive Kommunikation mit den Baumhütern und der Geistigen Welt gehabt. Dafür und für die daraus gewonnenen Erkenntnisse bin ich sehr dankbar. Ich kann nur jedem empfehlen, in den Austausch mit diesen unglaublich weisen und alten Mitbewohnern unserer schützenswerten Erde zu gehen und zuzuhören. Es lohnt sich.

Danksagung
… von Antara Reimann

Es ist endlich geschafft! Mein Herzensprojekt geht in die Welt. Ich danke von ganzem Herzen den Devas und Dryaden, dass sie ihre Winterpause unterbrachen und bereit waren, sich mit uns auszutauschen und uns zu unterrichten. Auch sie brauchen die Erholungspause in der dunklen Jahreszeit, um sich ab dem Jahresbeginn wieder um ihre Bäume und deren Umfeld zu kümmern. Danke, dass ihr so rücksichtsvoll wart.
Ich danke auch dem gesamten Team des Schirner Verlages für die wundervolle Umsetzung und Gestaltung. Allen voran natürlich den Verlegern Heidi und Markus Schirner für ihre Offenheit und ihr Vertrauen in meine Sprache. Dabei haben mich mein Lektor Bastian Rittinghaus und meine Lektorin Ina Keller wundervoll und entspannt unterstützt. Danke, liebe Ina, danke, lieber Bastian, für euer Wissen, euer Können und eure liebevolle, aufbauende Art der Umsetzung.
Zuletzt danke ich meinem Lebenspartner und Mitautor Peter Eckel für seine Offenheit, mit mir Hand in Hand den Weg der Bäume zu gehen. Damals, bei der Fotosession im Wald, hinterließ unser gemeinsamer Weg die ersten Abdrücke. Seitdem verbinden uns die Bäume als unsere Hüter des alten Wissens und der Ruhe zur Zentrierung. Danke, dass du auf meinem Weg an meiner Seite gehst.

Antara Reimann
Waltrop, im Winter 2021/2022

… von Peter Eckel

Als kleiner Junge war mir der Umgang mit den Bäumen alltäglich. Waren es die wärmenden Holzscheite, die ich für unseren Ofen vom Holzstapel im Schuppen hereinholte, die Wälder im Sauerland, durch die unsere sonntäglichen Spaziergänge gingen, oder die Obstbäume, die der Pflege und Ernte bedurften – stets wurde mir ein respektvoller Umgang mit den Bäumen, diesen unübersehbaren Alltagsbegleitern, vorgelebt und durch Erzählungen und Erklärungen vertieft. Nicht zuletzt die Tatsache, dass mein Vater und mein Onkel dem Schreinerhandwerk nachgingen, hat meine Liebe zum Holz und zu den Bäumen bis heute geprägt.

Als Antara mir ihren Herzenswunsch offenbarte, mit mir gemeinsam ein Buch über die keltischen Bäume und ihre Heilwirkung zu schreiben, war ich begeistert. Ich fand hier die Möglichkeit, meine Medialität, das Erleben und Aufarbeiten von Kindheitserinnerungen und das alte Wissen um das Wirken der Bäume zu verbinden.

Dafür, liebe Antara, meinen ganz persönlichen und tief empfundenen Dank. Danke für deine animierenden Worte, deine Kritik während der Textentstehung sowie deine Geduld. Ein persönliches Herzensprojekt zu einer Gemeinschaftsarbeit werden zu lassen, das ist Liebe pur und nicht selbstverständlich.

Danken möchte ich auch Heidi und Markus Schirner für ihre Unterstützung und ihr Vertrauen. Unseren Lektoren Ina Keller und Bastian Rittinghaus danke ich für das Lektorat und die gute Unterstützung sowohl bei der Reflexion zu den Inhalten als auch bei der Erstellung des fertigen Produktes. Der Dank geht auch stellvertretend an alle Mitarbeiter des Schirner Verlages.

Nicht zuletzt danke ich den Bäumen, die mir ihr Wissen und ihre Wünsche für dieses Buch offenbart haben. Ich habe mich selbst in den einzelnen Baumarten erfahren dürfen. Jeder Baum hat mir auf seine ganz persönliche Art und Weise den Spiegel vorgehalten.

Mein spezieller Dank gilt meinem vor vielen Jahren verstorbenem Papa, der durch dieses Buch in mir sehr präsent wahrnehmbar geworden ist.

Peter Eckel
Waltrop, im Winter 2021/2022

Über die Autoren

Antara Reimann

Antara Reimann ist zertifizierte schamanische Heilerin nach den Richtlinien des »Shamanic Healing« des »Bridget Healing Centre« (T. C. O. T. S.), Glastonbury/Großbritannien, sowie anerkannte Heilerin im »Dachverband Geistiges Heilen e.V.« (DGH e. V.).
Seit 1993 leitet sie das spirituelle Zentrum »Licht-Focus« mit Sitz im nördlichen Westerwald. Ihr Angebot erstreckt sich von Seminaren, Meditationen und Erlebnisabenden über Ausbildungen im europäischen Schamanismus bis hin zu spirituellen Bildungsreisen, z. B. nach Südengland.
Antara Reimanns Wissen ist breit gefächert über viele Themengebiete und zeichnet sich durch vielfältige eigene praktische Erfahrungen aus. Mehrjährige Weiterbildungen in England lassen sie über den Tellerrand hinausschauen und vieles gekonnt miteinander abgleichen und verbinden. Ihr persönlicher Kontakt zu Angehörigen der Crow-Indianer in Montana unterstützte sie dabei, den eigenen europäischen Weg zu entwickeln.
Antara Reimanns Helfer aus den geistigen Reichen sind die Eulen. Diese führten sie zu dem verborgenen Wissen zwischen den Welten und übergaben ihr die Aufgabe, das, was heute wichtig ist, hervorzuholen und in die Sprache der Jetztzeit zu übersetzen.
Zu den alten Kräften, die heute wieder beachtet werden wollen, gehören die Runen. Im Sommer 1995 erschienen diese zum ersten Mal in Antara Reimanns Leben und sind ihr seitdem beständige Begleiter geblieben, die ihr immer wieder mit gutem Rat zur Seite stehen. Antara Reimann ist seither auf vielen Veranstaltungen vertreten gewesen und bietet regelmäßig Runenberatungen und -analysen an. Ohne die Frage zu wissen, interpretiert sie die erscheinenden Runenkräfte und bringt sie in einen treffenden Kontext, sodass jede Frage auf den Punkt beantwortet wird.

2006 erhielt Antara Reimann in Glastonbury den Auftrag von der Großen Göttin, erneut den Kontakt zwischen dieser und den Menschen herzustellen. Es folgte über viele Jahre hinweg eine intensive und bereichernde Lehrzeit. Heute arbeitet Antara Reimann als Medium für die Große Göttin und bringt deren Botschaften zu den interessierten Menschen. Wichtig ist ihr dabei die Zusammenführung der weiblichen und männlichen Kräfte in harmonischer Balance, ohne Geschlechterdefinition und Machtkampf. Die von ihr organisierten und geleiteten spirituellen Bildungsreisen führen nach Glastonbury, dem Gestalt gewordenen Avalon, an den Ort, an dem der Großen Göttin ganz leicht begegnet werden kann.
In ihren Büchern, Vorträgen und Youtube-Videos können interessierte Menschen an diesem Wissen teilhaben und sich anregen lassen, ebenfalls mit Neugierde ihrer Spur zu folgen.
»Think globally – act locally«, so lautet einer ihrer Lebensgrundsätze. Und ein weiterer: »Betrachte die Auswirkungen des Handels von der übergeordneten Ebene aus. Erforsche die Wurzeln der Gegend, in der du lebst. Welche Kräfte wirken dort?« Im europäischen Teil unserer Mutter Erde geboren, fühlt sie sich mit den hier wirkenden Wesenheiten und Kräften verbunden und verrichtet mit offenem Herzen und einer gehörigen Portion Humor die Aufgaben, die für sie vorgesehen sind.

www.LichtFocus.de | www.Spur-der-Schamanen.de
www.voices-for-healing.de | bit.ly/AntarasYoutube

Peter Eckel

Peter Eckel hat einen kaufmännisch-technischen Background und ist vielfältig interessiert. Beratung und mediales Business-Coaching basierend auf medialem Wahrnehmen ist sein Spezialgebiet. Meditationen und schamanische Techniken zur Harmonisierung der körperlichen, geistigen und emotionalen Energiefelder unterstützen ihn dabei. Seine energetischen Behandlungen werden durch Reiki und die intuitive Arbeit mit Kristallen ergänzt. Der indigene Schamanismus und das Zusammenspiel der verschiedenen Traditionen sind seine Leidenschaft. Peter Eckel nahm an verschiedenen schamanischen und heilenergetischen Ausbildungen teil. So bekam er einen tieferen Zugang zu anderen Naturreligionen und Glaubenssystemen. Besonders die fernöstlichen Einflüsse lässt er in seine Arbeit mit einfließen. Auf diese Weise hat er sich eine breit gefächerte Basis für sein schamanisch geprägtes Wirken geschaffen. Autodidaktisch gleicht er neu Erfahrenes immer wieder mit seinem Wissen ab.

Fasziniert ist er von dem Zusammenwirken des althergebrachten Runenwissens mit seinen eigenen schamanischen Erfahrungen. Hier finden die Runenexpertin Antara Reimann und Peter Eckel viele Gemeinsamkeiten und Überschneidungen. Nach ihren ersten zwei gemeinsamen Erfolgstiteln »Rauhnächte und die Kraft der Runen« und »Feuer, Wasser, Luft und Erde« (sowie der ergänzenden CD mit Onitani) hältst du nun bereits das dritte Buch in den Händen. Gemeinsam haben die beiden Autoren das System des »Shamanic Rune Healing« entwickelt. Sie leben und praktizieren den Weg des europäischen Schamanismus und geben ihre Erfahrungen, auch zu den Inhalten dieses Buches, in Workshops, Abendveranstaltungen und Seminaren weiter. Peter Eckel ist sehr medial veranlagt und gut an die Geistige Welt angebunden. Mit Visionsreisen und Meditationen führt er Teilnehmer an Situationen heran, die für ihre Entwicklung wichtige Impulse und Anregungen bieten können. So begleitet er sie ein Stück weit auf ihrem Weg zur Erinnerung an den göttlichen Funken in jedem selbst.

www.petereckel.de | www.voices-for-healing

Quellen

Die spirituellen Kräfte der Bäume von Petra Sonnenberg, Saarbrücken: Iris 2008
Baumheilkunde von Renato Strassmann, Linz: Freya 2016
Das Baumgeister Orakel von Tiziana Mattera, Grafing: Aquamarin 2009
Das Keltische Baumorakel von Liz und Colin Murray, München: Hugendubel 1989
Das keltische Baum-Horoskop von Bertram Wallrath, Saarbrücken: Iris 2007

Bildnachweis

HEILSTEINE fotografiert von Arne Gutowski, © Schirner Verlag: S. 26 Bergkristall, S. 34 Achat, S. 56 Smaragd, S. 66 Diamant, Schungit, S. 76 Koralle, S. 96 Karneol, S. 106 Beryll, S. 116 Aventurin, Turmalin, Rosenquarz, S. 128 Bernstein, Bergkristall, Rubin, S. 138 Smaragd, Mondstein, S. 148 Rhodonit, Rhodochrosit

Bilder von der Bilddatenbank www.shutterstock.com:

SCHMUCKELEMENTE:
Keltischer Baum: # 711614098 (© artdock), Keltischer Kreis: # 1140239537 (© Hoika Mikhail), Zweige: # 1896029128, # 1895199409, # 1895199355 (© Olga.And.Design), Blätter: # 2027716457 (© Helenaa), Blumenranke: # 1648439488 (© green feather), Icon Kalender: # 1924803125 (© Fourdoty), Icon Mond: # 375026938 (© quka), Icon Blatt: # 538280953 (© Pensiri)

RUNEN (© Inky Water): S. 26: # 1170355159, # 1172875642, # 1163929174, S. 34: # 1172875642, # 1172875621, S. 34: # 1172875645, S. 46: # 1166717668, # 1166717665, S. 56: # 1172875639, # 1172875627, S. 66: # 1172875618, S. 76: # 1172875618, S. 86: # 1172875615, S. 96: # 1172875630, # 1172875612 , S. 106: # 1172875627, S. 116: # 1170355159, # 1166717671, # 1172875615, S. 128: # 1166717662, # 1166717671, # 1172875609, S. 128: # 1166717680, S. 138: # 1172875618, # 1175159320, S. 148: # 1172875648, # 1175159320

S. 10: # 1391885528 (© 3d_man), S. 13: # 1703793529 (© Alina Kruk), S. 15: # 2029927466 (© Adria Black), S. 17: # 1087980791 (© alpinenature), S. 18: # 1763278544 (© Susan Edmondson), S. 19: # 1807693996 (© Marco Klaue), S. 22: # 171047909 (© Martin Fowler), S. 25: # 454874551 (© Mark Herreid), S. 27: # 1848135469 (© Aleksandra Duda), S. 28: # 282865427 (© Grigorii Pisotsckii), S. 29: # 1320284351 (© krolya25), S. 29: # 1651098655 (© Jakub Czajkowski), S. 30: # 618014891 (© dleeming69), S. 34: # 391569748 (© vvoe), S. 35: # 1833416806 (© Tatyana Volkova), S. 37: # 1981346180 (© Kamil Hajek), S. 37: # 628403774 (© Axel Bueckert), S. 38: # 601887695 (© Predrag Lukic), S. 41: # 1901378272 (© New Africa), S. 42: # 152634428 (© GIROMIN STUDIO), S. 46: # 58026589 (© Alexander Hoffmann), S. 46: # 1927514510 (© Ibragimov Sayan), S. 47: # 1307787373 (© Roy Pedersen), S. 48: # 647300335 (© BELINDA SULLIVAN), S. 49: # 1821431375 (© Filipe Gil), S. 51: # 1384753601 (© nnattalli), S. 57: # 57472063 (© mimo), S. 58: # 1013128939 (© jurgal), S. 59: # 504403096 (© Dja65), S. 59: # 777307822 (© Andrejs Marcenko), S. 60: # 432216373 (© miroslav-misiura), S. 61: # 1935172121 (© Bob Arnold Photography), S. 66: # 571610566(© Minakryn Ruslan), S. 66: # 1172875627 (© Inky Water), S. 67: # 225214213 (© Hector Ruiz Villar), S. 68: # 215548759 (© Michal Sanca), S. 70: # 1954604791 (© Edita Medeina), S. 72: # 782009044 (© JGade), S. 77: # 1042820941 (© Drazen Boskic PHOTO), S. 78: # 312647618 (© marina kuchenbecker), S. 83: # 1415515439 (© Milosz Maslanka), S. 86: # 412021648 (© vvoe)S. 87: # 55110796 (© LianeM), S. 88: # 1247736349 (© travelview), S. 91: # 177416456 (© Brent Hofacker), S. 93: # 623015816 (© Nataliya Nazarova), S. 97: # 714693937 (© Cora Mueller), S. 98: # 2119752383 (© Thorsten Schier), S. 103: # 1581116173 (© Bogdan Vacarciuc), S. 107: # 650694826 (© Anastasiia Malinich), S. 108: # 254470363 (© photolike), S. 108: # 1737857192 (© Nenad Nedomacki), S. 109: # 1833575731 (© Madeleine Steinbach), S. 111: # 1679649892 (© Beneda Miroslav), S. 113: # 284929139 (© Malivan_Iuliia), S. 117: # 571491094 (© Sebastian Golojuch), S. 118: # 604883714 (© JoannaTkaczuk), S. 119: # 87119809 (© Kefca), S. 120: # 1093574027 (© Greens and Blues), S. 123: # 535898686 (© LFRabanedo), S. 126: # 725026762 (© Nigel Eve), S. 128: # 56061250 (© Tyler Boyes), S. 129: # 293219525 (© LeManna), S. 130: # 301687796 (© del Monaco), S. 131: # 1699946743 (© Tatyana Soares), S. 133: # 264916754 (© Balakleypb), S. 139: # 1457266475 (© Ann Brk), S. 140: # 153869333 (© Michal Zduniak), S. 141: # 1106774726 (© Mr. Meijer), S. 142: # 442370983 (© Krzycho), S. 144: # 1210858849 (© Sandra Standbridge)

Die geheimnisvolle Macht der Runen

Die Runen sind kraftvolle Impulsgeber und magische Geheimnisträger, die sich seit Jahrhunderten als Orakel für die Gestaltung des Lebensweges bewährt haben. Wenn wir ihre Energien im Herzen verinnerlichen, sind wir in der Lage, dieses traditionelle Wissen aktiv für uns zu nutzen.

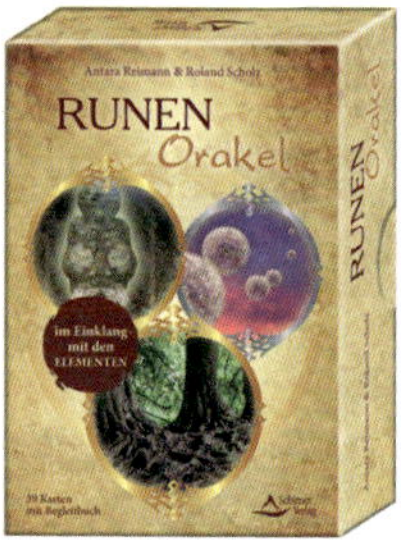

Antara Reimann & Peter Eckel
Rauhnächte und die Kraft der Runen
Alte Bräuche in einer modernen Zeit
200 Seiten
ISBN 978-3-8434-1432-6

Antara Reimann
Runenrituale für die alltägliche Praxis
144 Seiten
ISBN 978-3-8434-1356-5

Antara Reimann
Runenschätze – Namenskräfte
Heilsame Runen wirken in deinem Namen
136 Seiten
ISBN 978-3-8434-1296-4

Antara Reimann & Roland Scholz
Runenorakel
im Einklang mit den Elementen
39 Karten mit Begleitbuch
ISBN 978-3-8434-9112-9

Im Einklang mit den
KRÄFTEN DER ERDE

Unsere Ahnen lebten in enger Verbindung mit den Elementen, deren Kraft und Einfluss waren allgegenwärtig. Wenn wir diesen Kräften heute dieselbe Beachtung schenken, gewinnen auch wir eine tiefe Verbundenheit mit der Natur und den intuitiven Zugang zu ihren Potenzialen.

Antara Reimann & Peter Eckel
Erde, Feuer, Luft und Wasser
Rituale und Wissen rund um die Naturelemente
168 Seiten
ISBN 978-3-8434-1434-0

Antara Reimann, Peter Eckel & ONITANI
Erde, Feuer, Luft und Wasser
Verbindung mit den Naturelementen
CD, ca. 49 Min.
ISBN 978-3-8434-8429-9

Antara Reimann
Kraftplätze für deine Seele
Eigene heilige Räume gestalten
152 Seiten
ISBN 978-3-8434-1482-1

Antara Reimann & Anne-Mareike Schultz
Göttinnen-Rituale
Weiblichkeit leben mit der Kraft der keltischen und nordischen Göttinnen
176 Seiten
ISBN 978-3-8434-1400-5

ZAUBERHAFTES AVALON
ZUM GREIFEN NAH

Glastonbury – Gestalt gewordenes Avalon, an dem die Große Göttin noch immer präsent ist. Sein Zauber lässt sich nicht in Worte fassen, sondern nur erleben. Die erfahrene Reiseleiterin Antara Reimann führt Sie durch die verwunschene englische Kleinstadt und deren Umgebung.

Antara Reimann
Glastonbury
Spirituell reisen zu den Kraftorten Avalons
224 Seiten
ISBN 978-3-8434-1212-4

Antara Reimann & Michael Reimann
Glastonbury – Spirituell reisen zu den Kraftorten Avalons
Verbindung zur Göttin
CD, ca. 77 Min.
ISBN 978-3-8434-8329-2

Antara Reimann
Tea for Two – die Göttin und du
Hand in Hand mit der Großen Göttin
in dein schöpferisches Potenzial
144 Seiten
ISBN 978-3-8434-1321-3

Schirner Verlag

Danke für deine REZENSION

– Gemeinsam sind wir mehr –

Liebe Leserin, lieber Leser,
von Herzen danken wir dir, dass du dieses Buch in den Händen hältst und es bis zum Ende gelesen hast. Das bedeutet uns, dem Schirner Verlag und seinen Autoren, sehr viel. Aus voller Überzeugung und mit Hingabe widmen wir uns seit vielen Jahren Themen, die unser aller Lebensqualität und Bewusstwerdung dienlich sind, und hoffen, einen Beitrag für eine lichtvollere Welt leisten zu können. Wenn dir unsere Arbeit gefällt, möchten wir dich bitten, dir einige Minuten Zeit zu nehmen, um dieses Buch zu rezensieren. Warum? Die meisten Menschen lesen Rezensionen, bevor sie ein Buch kaufen, da sie hierdurch einen Eindruck bekommen, ob und wie der Inhalt des Buches den Leser erreicht hat. Eine kurze Rezension ist dabei ebenso hilfreich wie eine lange, sehr ausführliche. Um es auf den Punkt zu bringen:

Eine Rezension ist heutzutage die beste Werbung für ein Autorenwerk!

Wenn du den Schirner Verlag und seine Autoren neben dem Buchkauf auch anderweitig unterstützen willst, dann bitten wir dich: Schreibe für jedes Werk eine Rezension – vielleicht als persönliche Leseempfehlung für die Buchhandlung in deiner Nähe oder online, z.B. beim Schirner Verlag. Das wäre nicht nur eine Wertschätzung für die Autoren, sondern kann dazu beitragen, dass die Verkaufszahlen steigen und der Schirner Verlag auch in herausfordernden Zeiten Bestand hat.

WIE SCHREIBT MAN EINE REZENSION?

Grundsätzlich sollte eine Rezension aus der eigenen, subjektiven Sicht geschrieben werden, da es sich um eine persönliche Meinung handelt. Du kannst in zwei Sätzen deine Gefühle zu dem Buch äußern oder eine längere Rezension verfassen. Falls du nicht weißt, wie du beginnen sollst, hier ein paar Anregungen:

- War das Buch leicht verständlich geschrieben? Wie hat dir die Sprache gefallen? Wie war die Aufteilung zu den verschiedenen Themen?
- War es unterhaltsam? War es deiner Meinung nach mit Herzblut und Liebe geschrieben? Wie hat es auf dich gewirkt?
- Hat es dein Herz berührt? Konntest du dich wiederfinden?
- War es tief greifend genug? Hast du viel Neues gelernt?
- Hat es gehalten, was der Titel und die Buchbeschreibung versprochen haben? Hat es deine Erwartungen erfüllt?
- Was macht das Buch besonders? Warum sticht es heraus im Vergleich zu anderen Büchern, die ein ähnliches Thema behandeln?
- Würdest du das Buch weiterempfehlen oder verschenken?

Dankeschön

lesen, fliegen, landen
Schirner Verlag